Lesbos, die drittgrößte der griechischen Inseln, war schon in der Antike die Insel der Dichtung und der Musik.

Unterwegs auf Lesbos folgt Eva Demski den Spuren Sapphos, der ersten Lyrikerin der Weltliteratur, die nicht nur ein Mythos, sondern auch ein Symbol für die Liebe zwischen Frauen ist. Sapphos Lieder wurden damals in ganz Griechenland gesungen, ihr Bild wurde auf Münzen geprägt, und heute begrüßt ihr Denkmal den Besucher im Hafen von Mytilíni.

Eva Demski beschreibt, wie die von Sappho besungene Insel heute aussieht und wieviel noch sichtbar ist von den Spuren dieser Person und den Bildern, die sie gesehen hat. Von Sapphos Geburtsort Eressós bis zu »ihrer« Stadt Mytilíni sieht Eva Demski Bauwerke, Mosaike und Straßen mit den Augen der Dichterin. Sie geht durch die endlosen Olivenhaine im Osten der Insel, die vom Meer bis zu den Bergen reichen, und durchquert die karge Steinwüste im Westen von Lesbos.

Die wichtigen Fragmente und die wenigen erhaltenen Gedichte der Sappho hat Eva Demski für dieses Buch neu übersetzt.

»Eva Demski spricht von der ›Kühle und Frische der sapphischen Sprache‹, und ihre eigenen Übersetzungen der Fragmente dieser ›zehnten Muse‹ treffen sehr genau die originale Einfachheit, in der sich das Geheimnis höchster Kunst verbirgt. Auch der Insel wird Eva Demskis Schilderung auf bewundernswerte Weise gerecht.«

Albert von Schirnding, *Süddeutsche Zeitung*

Von Eva Demski liegen außerdem vor: *Venedig – Salon der Welt* (it 3193) und der Roman *Das siamesische Dorf* (Suhrkamp Verlag).

insel taschenbuch 3246

Eva Demski

Lesbos

Eva Demski

LESBOS

Sappho und ihre Insel

Insel Verlag

insel taschenbuch 3246
Erste Auflage 2007
Insel Verlag Frankfurt am Main und Leipzig

Hinweise zu dieser Ausgabe am Schluß des Bandes
Vertrieb durch den Suhrkamp Taschenbuch Verlag
Umschlag nach Entwürfen von Willy Fleckhaus
Druck: Druckhaus Nomos, Sinzheim
Printed in Germany
ISBN 978-3-458-34946-4

1 2 3 4 5 6 – 12 11 10 09 08 07

Inhalt

Das Platanenblatt 11

Überall Götter 23

Eichen im Gebirg 34

Eros mein Bote 45

Heimatmuseum 56

Belagerungen 68

Die Spatzen der Aphrodite 81

Der erfundene Wald 95

Meiner wird man gedenken 109

Lesbos

Das Platanenblatt

Schon beim Anflug sieht man: Da liegt kein Inselchen im blauen Meer, sondern ein kleiner Kontinent, zerklüftet, bergig und unwegsam, auch nicht grün, wie versprochen – das kommt erst später –, sondern braun und graugrün, mit mächtigen Felsbrocken und Tälern, in deren Tiefe kein Weg zu führen scheint. Lesbos ist groß, man hatte das ja nachlesen können, aber Größe ist in Zahlen nicht auszudrücken: Etwa hundertsechzig Kilometer Küstenlänge, das heißt, könnte man am Schreibtisch daheim meinen, in einer Woche wäre man bequem einmal um das Eiland gegangen, auch daß sie die drittgrößte der griechischen Inseln sei, ruft keinen Schrecken hervor. Eigentlich, sagt ein alter Lesbiote später, ist sie nach Kreta die zweitgrößte, Euböa hat eine Landverbindung, gilt also nicht. Ob dritt- oder zweitgrößte: Je näher man ihr kommt, je tiefer man sich auf sie heruntersenkt, auch wenn man in Mytilíni mit dem Schiff ankommt und sich aufmacht ins Inselinnere – sie ist sehr groß und so rauh, daß sie den Besucher spüren läßt, wieviel sie vor ihm verborgen halten kann.

Es muß alles erobert werden auf diesem Erdteilchen, das der Türkei viel näher ist als Athen, da wird nichts ausgebreitet oder freiwillig hergegeben, und man sollte die Füße einer Bergziege und das furchtlose Herz eines Wanderfalken haben, um sich nicht abschrecken zu lassen von den Versuchen, das Inselinnere zu erobern.

An den Gestaden der Ägäis merkt man fürs erste natürlich überhaupt noch nichts, und den arglosen Touristen, die mit Bussen über die Bergrücken und Spitzkehren gehievt werden, fällt zu Anfang auch nichts auf, außer: »Guck mal, der Oleander da. Wenn ich meinen daheim auch mal so hinkriegen würde!«, und dann dreht sich die Vordermännin im Omnibus um und sagt: »Haben Sie es schon einmal mit Eierschalen versucht?«

Gar nichts merken sie. Wie immer. Man muß vorgewarnt sein, von Haus aus mißtrauisch – oder wie mit einem geheimnisvollen Atlas der Poesie ausgerüstet, die dem Besucher eine Insel verspricht, von der er von vornherein annimmt, daß es so was gar nicht geben kann.

Wer sich mit dem Rückzug der Idylle zwischen Buchdeckel längst abgefunden hat, ist demütig dankbar, wenn die Wirklichkeit noch Reste davon bereithält. Und das tut sie auf Sapphos Insel, wenn auch anders als geträumt. Nicht ein einziges strahlendweißes Geviert hat seine Säulen zum Flugzeug hinaufgereckt, keine Wohnung der Götter zu sehen, jene schönen Gerippe, die man als abendländisches Erbe anzubeten gewöhnt war.

Nur weitersuchen, denkt man und wirft aus dem Busfenster einen Blick auf hunde- und tigerförmige Felsen, die in der Landschaft hocken und bis fast zu ihren Hälsen mit Olivenbäumen und Pinien bewachsen sind, während ihre Füße im rosa Oleander versinken.

Die Insel habe die Form eines Platanenblattes, heißt es. Das ist nicht falsch, denn die beiden unterschiedlich großen Einbuchtungen des Golfs von Kallonis und des kleineren Golfs von Geras mit ihren engen Öffnungen gleichen den Einkerbungen der Platanenblätter. Fast wie

Binnenmeere liegen die beiden Buchten da, und es gibt viele kleine und größere Strände – allerdings keine Sandstrände. So leicht macht sie es einem nicht.

Wenn rings herum auch noch Sandstrände wären, sagt später eine Hotelmanagerin seufzend, dann wäre hier das wahre Paradies auf Erden! Und wir alle Millionäre.

Zum Anschauen sind Steinstrände und Kiesstrände mindestens ebenso schön, das Meer liegt glatt und blank wie ein Tuch, alles in Ordnung, es wird wunderbar werden. War man doch schon ganz ohne den Dichterinnenwahn, den man sorgfältig für sich behalten hatte, zu Hause darauf aufmerksam gemacht worden, daß der Reisewunsch zu dieser Insel (jetzt muß man sich im Reisebüro ein ganz winziges Sprechpäuschen denken) nun ja, ähem, für einen gewissen Individualismus spreche. Und das ist, ähm, ja eigentlich nichts Schlechtes, nicht wahr? Große Hotelanlagen gebe es nicht, aber sehr ansprechende kleinere Arrangements, wenig Sandstrände, da wolle man ganz offen sein, aber sehr sauberes Wasser.

Komm, steig vom Himmel herunter
Komm in den kretischen Tempel zu Schiff
Da wachsen Apfelbäume im schönen und heiligen
Hain. Die Altäre dampfen von Weihrauch

Das Wasser rinnt kühl
Unter den Apfelzweigen, der Hang
liegt im Schatten der Rosenbüsche
Von den zitternden Blättern herunter
Senkt sich tiefer Schlaf.

Eine Wiese liegt dort, da weiden die Pferde
Frühlingsblumen blühen, es riecht süß
Nach Aniskraut

Komm, Kypris, setze dir Kränze aufs Haupt
Bring in goldenen Schalen den Nektar
Gieße uns Wein ein
Denn wir feiern ein Fest.

Ich bin sechs Wochen zu spät gekommen. Alles hätte ich finden können, das Aniskraut und die Apfelblüten, die Rosen und Krokusse, die Veilchen und alle anderen Blumen, die Sappho in ihren Liedern besingt und die hier von April an blühen, seit Tausenden von Jahren, ein Rest des Goldenen Zeitalters, da alle griechischen Inseln bewaldet waren, mit reichlich rinnendem, kühlem Süßwasser gesegnet und voller Blumen. Ihre trockenen Gerippe sind noch da und rascheln unter den Olivenbäumen, man kann Margeriten erkennen, Malven und wilden Hafer. Der Dill, den sie auch besingt und der sich für uns ein bißchen merkwürdig in der Poesie ausnimmt, erinnert er doch ans Einlegen von Gurken –, dieser wilde Dill ist sogar noch dunkelgrün mit seinen feinen Federblättchen.

Wenn man im April oder in den ersten Maiwochen hierherkommt, wird man mit ein paar wenigen anderen Verrückten allein sein, liebevoll von den vom Winter gelangweilten Inselbewohnern umsorgt, ganz für sich wird man sein, denn das Meer ist noch zu kalt zum Baden und die Schulferien in weiter Ferne. Vielleicht wird man die schönen, flinken Schlangen nicht nur im totgefahrenen Zustand kennenlernen und in den Tälern jene Landschaften finden, die den heiligen Hainen ein wenig gleichen, wenn auch ohne jene Altäre, die wir in Sapphos Gedichten finden. Dafür gibt's andere, niemand muß gottlos bleiben, aber darauf kommen wir noch.

Das Juwel der Insel zeigt sich wie eine Erscheinung, eineinhalb Stunden von Mytilíni entfernt und hinter mehr als sieben Bergen – Molyvos, in der Antike hieß es Míthymna, im Mittelalter Molyvos, jetzt steht auf den Schildern wieder Míthymna, und die Bewohner nennen es trotzdem Molyvos. So einfach ist das. Von einer mächtigen Burg beherrscht, sind an den Fels, der sich nicht schroff, sondern sachte aus dem Meer erhebt, Hunderte von kleinen Häusern gebaut, haben steile, krumme Gassen gebildet, Treppen sind zwischen ihnen aus dem Stein gehauen, und die Terrassen der Kneipen hängen wie Schwalbennester über dem Abgrund. Das ganze Dorf – eigentlich ist es ein Städtchen – steht unter Denkmalschutz, und die Hotels am Ufer können mit dem wunderschönen Blick vom Strand aus werben. Wer Genaueres wissen will, muß klettern und kraxeln, sich die Knöchel verstauchen und gelegentlich aus Gründen des Atemschöpfens vor einem der kleinen Schaufenster in der Marktgasse stehenbleiben. Das Angebot ist tröstlich: Strohschuhe, Gummischuhe für den Steinstrand und Hüte, denn es ist den Fremden nicht abzugewöhnen, in der Mittagszeit herumzulaufen.

Wenn es denn so ist, sagen sich die Einheimischen, kann man genausogut was davon haben. Die Hüte sind nicht schön, aber teuer. Die hohen, den Steinen trotzenden Schuhsohlen haben sie ja schon im Altertum gehabt, und die fließenden, leichten Gewänder sind sicher angenehmer gewesen als jene Kleidung, die nun schon so oft bejammert, verspottet und mit Abscheu übergossen worden ist. An ihr kann man es auch hier sehen: Was einmal in der Welt ist, bleibt in ihr. Und so wollen wir wegschauen, denn die Verachtung hat nichts geholfen. Und niemand hindert einen daran, in Gedanken allen Mittouristen Peplos, Mantel, Hemd und Umhang umzutun und ihnen archaische Sandalen anstatt der rosa-violetten Sportschuhe an die Füße zu hexen. Ach, aber sie taugen nicht recht als Statisten für eine Szenerie, die ich noch nicht finden kann, und sie mit Gewalt herbeizuzitieren wie bei einer Séance will nicht gelingen. Abends aber, allein auf einer Terrasse

Die Sterne rund um den schönen Mond
verstecken alle ihr leuchtendes Gesicht
Wenn er voll am hellsten erstrahlt
Über die Erde

silbern

Da braucht man keine Phantasie mehr, die Zeit setzt aus. Selanna ist ein viel schöneres Wort als Mond. Noch ist nicht die Stunde der Grillen. Es ist ganz still. Und der Große Wagen versteckt sich nicht – der Mond ist erst halb –, sondern erscheint so klar und hell, daß man das Reitersternchen auf der Deichsel gut erkennen kann.

Sappho hat wahrscheinlich immer am Meer gewohnt.

Es ist nicht bekannt, wie viele Menschen im archaischen Zeitalter auf der Insel lebten, aber sie müssen die gleichen Orte gewählt haben wie die heutigen: die Buchten um die beiden Golfe, die wenigen kleinen Ebenen und die Täler, die wie mit einem breiten grün-rosa Pinsel zwischen die kahlen, schroffen Berge gezeichnet sind. Oasen – nie habe ich ein so genaues Bild für das Wort »Wasserader« gesehen. Denen folgen die dichten Bäume und Büsche, schmale fruchtbare Bänder am Grunde der Täler. Denn nach einigen Kilometern in Richtung Osten verabschieden sich die Olivenbäume, werden spärlicher, verschwinden schließlich ganz. Wie ein riesiges, in verschiedenen Formationen angetretenes Heer bedekken sie den Südosten der Insel, elf Millionen Bäume, und keiner gleicht dem anderen. Manchmal kommen sie in Reih und Glied daher, ganz geometrisch angepflanzt, sie steigen die Steinterrassen hoch, Mäuerchen aus Feldsteinen halten das Erdreich fest. Andere stehen in lockeren, anmutigen Gruppen zusammen, krumm, versehrt, verzogen. Jeder kennt das silbergraue Laub der Oliven, aber es gewinnt eine andere Farbe, wenn man so lange Strekken nichts anderes sieht – es wird wie eine Art Nebel, ein Schleier über dem Boden, der sich an den Stämmen festhält und sich andauernd bewegt.

Der Olivenbaum ist unsterblich, sagt der Olivenbaumbesitzer, Fremdenführer, Taxiunternehmer und odysseisch-vielbefahrene Manolis. Er kann scheinbar erfrieren und bei Waldbränden zugrunde gehen – aus der Leiche kommt immer wieder neues Laub, neues Holz. Und man kann alles aus ihm machen: Möbel und Geschirr aus dem

Holz, Seife und Kosmetik aus dem Öl, man ißt es, natürlich, der Olivenbaum macht Geschenke an hundert Generationen.

Auf diesem Weg von den fruchtbaren Hügeln zur Mondlandschaft sieht man immer wieder die schwarzen und braunen Wundflächen der sommerlichen Brände. Hierzulande schläft die Feuerwehr, sagt Manolis, und wir bekommen eine kleine Randgeschichte zu sehen, die nachdenklich stimmt: Wenige Meter hinter einer idyllisch gelegenen Tankstelle in den Bergen hat sich etwas entzündet, dicke Rauchwolken steigen auf, es ist still und heiß. Die Feuerwehr ist schon da, und unser Experte staunt, aber dann zuckt er mit den Schultern, da steht ein kleines, rotes Wägelchen ganz allein hinter der Tankstelle, ein Esel weidet davor, nur der Hofhund, der weise, ist nervös. Ein makkaronidünnes Wasserstrählchen senkt sich auf den Brand.

Vielleicht sollten wir besser weiterfahren? Ich hätte gern den Esel mitgenommen. Und den Hund. Von diesem kleinen Brand hört man aber später nichts, so daß die Hoffnung besteht, daß es doch kein großer geworden ist.

Der Brandherd hier ist vom vorigen Jahr, der von vor drei, der von vor vier Jahren. Ja, die Oliven lassen sich nicht umbringen. Es wird dauern, vielleicht sehen sie nie mehr wie richtige Bäume aus, aber das Leben verläßt sie nicht. Manolis erzählt von seinen Oliven, er hat dreihundert Bäume in Eftalou, nahe bei Molyvos am Meer, sie seien noch nicht alt, etwa zweihundert Jahre. Damit die Früchte schön groß werden, wässert er seine Bäume, das kann er tun, weil er eine Quelle auf seinem Land hat.

Während wir uns durch die Berge kämpfen, um Sapphos Geburtsort zu suchen, erzählt er ein griechisches Leben: Seemann, in Australien fünfzehn Jahre hängengeblieben, Schwammtaucher und Truckfahrer und was nicht alles noch. Mit einer Griechin verheiratet, ein Sohn, eine Tochter. Und gespart, weil er als König hat heimkommen wollen nach der Plagerei. Jetzt hat er zwei Häuser und wässert seine Bäume. Und sonst noch dies und das, er nennt es »greek business«.

Zwischen 618 und 612 v. Chr. also soll Sappho in der Stadt Eressós, der wir uns jetzt nähern, geboren worden sein. Der beschwerliche Weg macht das Feierliche deutlich, Beispiele von Pilgerfahrten und mühsamer Annäherung an verehrte Objekte fallen mir ein.

Zwischendurch bin ich froh, daß es für diese Art der *sentimental journey* in unserer Zeit Jeeps gibt und daß man nicht wie die hutzeligen Bäuerinnen am Weg auf einem Esel sitzen muß, wobei die Assoziationen dann in eine schwindelerregende Kreisbewegung versetzt werden würden. Die kleinen Peinigungen, die auf die Verehrerin der Zehnten Muse warten, lassen eine seltsame Idee entstehen: Stellen wir uns vor, wir stünden an einem heißen Tag mitten auf dem Marktplatz von, sagen wir, Bingen am Rhein. Eine erhitzte, nicht mehr ganz junge Frau kommt aufgeregt auf uns zu und fragt in holprigem Mittelhochdeutsch, warum denn in Bingen nicht überall HILDEGARD HILDEGARD HILDEGARD zu lesen stehe? Ein ganzes Leben lang habe sie, die Frau, sich auf den Moment des Zusammentreffens mit dem Objekt der Liebe gefreut, und nun könne sie es nicht finden.

Abgesehen davon, daß die Bewohner von Eressós mein Griechisch so gut verstehen wie Sie Mittelhochdeutsch, auch Sie werden – in Bingen – der verstörten und verwirrten Dichtkunst-Touristin zu erklären versuchen, daß es schließlich im Lauf der Jahrhunderte noch andere wichtige Dinge nach Bingen gespült habe, und außerdem, wer ist eigentlich diese Hildegard? Und was hat die gemacht?

Sehen Sie – so war es. Und außerdem war es gar nicht in Eressós, sondern in Skala Eréssou, was daneben liegt und seine Erinnerungsstücke nur sehr zögernd freigibt.

Man muß erst einmal Eis essen in Eressós, das in diesem Jahr von der UNESCO für den saubersten Strand ausgezeichnet worden ist. Das macht viel mehr Eindruck und ist wesentlich bekömmlicher für den Ort als die merkwürdige alte Dichterin, deren Ruf irgendwie zu wünschen übrig läßt – schließlich hat sie der Insel eingebrockt, daß ihr Name als einziger Ortsname auf der Welt ein Synonym für eine Spielart der Liebe ist.

Damit lebt es sich offenbar nicht ganz leicht, aber das merkt man erst spät und an sehr verhohlenen Bemerkungen.

Der Strand also zeigt sich in sauberer Sandpracht – den gibt es nur hier –, und leider sind die Hotels alle so klein, daß die großen Reiseanbieter hochnäsig abwinken. Deswegen ist Eressós ein bezaubernder Ort, gemächlich, mit einer Strandpromenade von vor hundert Jahren, dick bewachsenen schattigen Laubengängen und freundlichen Kneipen, in denen blaugestrichene Strohstühle stehen wie ehedem. Es gibt kleine Häuser zu mieten für wenig Geld, auch Zimmer, ein Strandhotel, schäbig wie aus einer Griechenlandgeschichte von Lawrence Durrell, trägt den magischen Namen: Hotel Sappho. Wahrscheinlich hat schon seit fünfzig Jahren keiner mehr gefragt, nach wem es so heißt.

Viele Kinder spielen am Ufer, und die jungen Leute brettern mit kleinen Motorrädern die staubigen Sträßchen rauf und runter, was die schlafenden Katzen veranlaßt, die Schwanzspitzen aus der Räderreichweite zu ziehen. Weiter keine Bewegung. Die Hektik des energischen Urlaubswillens, der in Molyvos schon ein bißchen zu spüren war, ist bis hierher noch nicht gedrungen. Eine göttliche Langeweile hat sich erhalten, wer weiß, bis wann? Der Umweltpreis ist ein bedenkliches Zeichen.

Ein schrilles Lied spielt die Zikade
Mit den Flügeln
Verzaubert mit Musik die Sommerhitze
Die große Glut

Immerhin: Die Hitze hat man wiedergefunden, als erstes, und die wenigen Zikaden, die sich im trockenen Westteil hören lassen, spielen allemal noch das gleiche Lied.

Wollen wir es nicht genug sein lassen mit dem Meer, den Menschenstimmen und den Schwalben?

Was will die Schwalbe, du Liebe, Pandions Kind?

Immer wieder kommen die kleinen Fetzen, Sapphos Papierschwalben, unbeschädigt durch die Jahrhunderte geflogen.

Überall Götter

Der Tod verschont die Götter. Die Liebe verschont sie nicht. Also ist sie stärker als er. In den mehr als fünfundzwanzig Jahrhunderten, die seit Sapphos Zeit vergangen sind, hat sich ein undurchdringliches Gespinst von Theologien über diese einfache Erkenntnis gelegt. Die alten Götter sind schon lang vertrieben und mit ihnen das Glück im Diesseits, an dessen Stelle die Erlösung im Jenseits hat treten müssen.

Vielleicht gibt es nur zwei Gründe, Götter zu erfinden: Freude und Furcht. Es können für beides nicht die gleichen verantwortlich sein. Die Götter, die einstmals in allen Dingen wohnten, nahmen die Dankbarkeit der Sterblichen entgegen, und der Dienst an ihnen war ein schöner Teil des Lebens. In den Liedern der Sappho ist die Freude und die Vertrautheit mit ihnen erhalten geblieben, Respekt und Nähe in anmutigem Gleichklang.

Der Weg zurück in die archaische Welt ist reich an Windungen, manchmal endet er in Sackgassen, und das Bild des Labyrinths zeigt, daß Gleichnisse oft zur Wirklichkeit werden, wenn man nur lang genug wartet. Unser Labyrinth, in dessen Innerem wir vielleicht die Dichterin finden, besteht aus Geschichte und Erfindungen, Fortschritt und Moral, Moderne und Mobilität. Es ist nicht einfach, die Erwerbungen der Generationen, die man mit sich schleppt, zu vergessen, damit man irgendwann zum Ursprung jenes besonderen Lächelns kommt, das uns Nachkommen immer von neuem entzückt und neidisch macht: das archaische Lächeln. Die geschlossenen Lippen mit den nach oben gebogenen Mundwinkeln scheinen ein Geheimnis zu hüten. Sie sind von der edlen, mit strengem Faltenwurf wandelnden Eintönigkeit – eine merkwürdig haltbare Vorstellung vom alten Griechenland – sehr weit entfernt.

Es ist wunderbar zu leben! sagt dieses Lächeln, lang vor der Erfindung der Erbsünde und des vererbten schlechten Gewissens, es ist schön auf der Welt, trotz Krieg und Krankheit, es ist schön, den Tag zu erleben und die Nacht, und die Kraft, der weder Götter noch Menschen zu widerstehen vermögen, ist nun einmal die Liebe. Ich lebe, sagt das Lächeln, obwohl ich weiß, daß es das Alter gibt und mit ihm, was schlimmer ist, die Häßlichkeit, und ganz am Ende den Tod. Von all dem singt die Dichterin. Ganz vertraute Dinge, könnte man auf den ersten Blick denken. Wo aber ist die Arbeit, zum Beispiel? Die Schuld, das Verhängnis, die Politik? Besingt sie das Leid der Sklaven, die Ungerechtigkeit, Hunger, Armut und Rebellion?

Kein lautes Gejammer darf
In dem Haus zu hören sein
Wo man den Musen dient
Das gehört sich nicht.

Und doch steht ihr Name für die Überwindung der ritualisierten Dichtung, die kein Ich kennt, sondern nur die Anbetung und den Götterdienst. Sie, die berühmteste der aiolischen Dichter, die »Zehnte Muse«, wie spätere Anbeter, auch Platon, sie nennen, Sappho, deren poetische Kraft selbst in den kleinsten und verstümmeltsten Partikeln ihrer Gedichte aufleuchtet, so wie schon kleine Mengen antiker Mosaiksteinchen die Pracht des Ganzen ahnen lassen – sie sagt »Ich« in ihren Gedichten.

Ist es möglich, sie sich vorzustellen? Ihren Gang, ihre Macht, ihr Gesicht, ihre Stimme? Wir wissen nicht einmal genau, wie das Aiolische geklungen hat.

Es ist ein seltsames Abenteuer, aus dem Gewimmel der Zeiten und Menschen eine herauszusuchen, von deren eigener Hand uns nichts überliefert ist, deren Portraits erst viele Jahre nach ihrem Tode angefertigt worden sind, deren Ruhm aber eigenartig leuchtend geblieben ist, wenn sich auch in den Zeitläuften vielfarbige Mißverständnisse an ihm abgelagert haben.

Eine lange Reihe von Wissenschaftlern reicht einander die Dichterin zu, sie ist umstellt von Interpretationen, Zeitanalysen, Philologie und Poetologie, Psychologie und Historik. Der Eros wird beleuchtet und die Pädagogik, und der indessen schwierig zu vermittelnde Zwitter aus beidem, der »pädagogische Eros«, war lang mit ihrem Namen verbunden. Man muß allen dankbar sein, die ihr Werk im Gespräch gehalten haben und Sapphos zersplitterte Hinterlassenschaft zusammenzufügen suchten – der Vergleich mit dem Zusammensetzen antiker Scherben zu einem intakten Gefäß ist im Zusammenhang mit ihr oft benutzt worden: Aber sie war ein Mensch, kein Topf. Bei dem sieht man: Jetzt ist er ganz. Jetzt ist jedes Teil an seinem einzig richtigen Platz. Das weiß man aber bei einem Menschen nie, sei es ein seit langem toter oder ein ganz naher, lebender, vielleicht sogar geliebter. Nur daraus, aus diesem Bewußtsein nährt sich der Mut, über die vielen Hürden zu klettern, die um die Person Sappho aufgestellt worden sind.

Harald Patzer hat Sapphos bewundernswerte Biographin Marion Giebel mit einem schön knurrigen Satz beschieden: »Ein archaischer griechischer Dichter hat keine Biographie, und er braucht sie auch nicht.« Das mag schon sein, aber es gibt Texte, die die Frage: Wer warst du? immer lauter werden lassen, immer drängender, und man kann den Wunsch nach Kenntnis nicht wie einen Wasserhahn zudrehen. Meist verändert sich die Fragestellung sachte, hin zu: Wer könntest du gewesen sein? Nur über die Götter wird sich ein Weg zu dieser Edith Piaf der archaischen Welt finden lassen. Sie waren allgegenwärtig. Sie anzurufen, mußte die Stimme nicht sonderlich erhoben werden. Die Bauten, die man ihnen errichtete, verhöhnten, wie monumental sie auch sein mochten, niemals die Natur. Sie triumphierten nicht über sie. Denn die Götter hockten in allen Bäumen, sie tauchten aus den Flüssen auf und bewohnten den Meeresgrund, sie ritten auf den Wolken und auf dem Wind, und sie waren es, die entschieden, ob all das dem Menschen Segen oder Fluch sein sollte. Kein Zweifel ist überliefert. Die angstvolle Feststellung, daß der Himmel leer sei, war noch viele hundert Jahre lang undenkbar.

Die Ufer des Mittelmeers waren wie die Inseln übersät mit heiligen Stätten, eine Alleinherrschaft strebte noch kein Gott, keine Göttin an. Daß, wie heute, die Untröstlichkeit über den leeren Himmel durch eine Anbetung der Natur gemildert wird, macht aus ihr einen armseligen Ersatz. Nicht sie ist anbetungswürdig – obwohl sie es damals, wir werden es aus den Gedichten lesen können, in ihrer Unzerstörtheit bestimmt mehr zu sein schien als heute.

Die Natur war lediglich das Erschaffene, Heimat für Götter und Geister, Musen und Dämonen. Die waren den Menschen ein Spiegelbild: Sie raubten und betrogen, liebten und haßten, spielten und verloren wie jene – nur starben sie nicht.

Wir können uns eine Welt, die den Zwang des Monotheismus nicht kannte, nicht vorstellen. Nur die Literatur macht es für Minuten möglich, in die Zeit zurückzuspringen, scheinbar ohne ihre Gewichte.

Zurück: das heißt etwa ins Jahr 585 v. Chr. auf die Insel Lesbos. Da ist Sappho, die Tochter des Skamandros und der Kleis, Ende zwanzig. Aus guter Familie in Eressós geboren, hat sie zu dieser Zeit eine Verbannung nach Sizilien aus politischen Gründen, eine Ehe und die Geburt einer Tochter, die wie ihre Mutter Kleis heißt, hinter sich. Der Regent – er wird zu den Sieben Weisen gerechnet und ist doch ein Tyrann – heißt Pittakos. Er ist für ihre Verbannung verantwortlich, läßt aber, Jahre später, ihre Rückkehr nach Mytilene zu. Sie ist Witwe, vielleicht. Ihr Mann soll reich gewesen sein. Es könnte sein. Was bedeutete »reich«? Wie lebte man im Exil, damals?

Gewiß ist: Man war keinen Augenblick allein, denn die Götter begleiteten die Vertriebenen auch in die Fremde. Kamen noch andere Götter dort zu den Vertrauten – um so besser. Es heißt, sie habe erst nach der Rückkehr, nach den Jahren auf Sizilien, zu dichten begonnen. Das ist gewiß nicht wahr – aber wir wissen es eben nicht besser. Mit Schiffen verließ man die Heimat. Mit Schiffen kamen sie – im Triumph? Oder unbeachtet? – zurück. Die Schiffe hatten gemalte Augen am Bug. Und Sappho, die sich auf ihrer Insel einen Wirkungskreis geschaffen hatte, wendet sich an die vertrauteste Göttin:

Unsterbliche Aphrodite auf deinem bunten Thron
Erfinderische Tochter des Zeus, ich rufe dich
Bitte verdirb mir, Herrin, nicht
Die Seele mit Schmerz und Kummer
Sondern komm her. Du hast meine Stimme,
Mein Rufen
Schon früher von weitem gehört
Hast das goldene Haus deines Vaters verlassen
Und kamst
Zu mir herunter
Hoch auf dem Wagen bespannt mit
Schönen Vögeln, den Spatzen
Die in dichten Scharen flattern – vom Himmel herab
Trugen sie dich über die schwarze Erde
Durch die Luft. Und schnell
Bist du ans Ziel gekommen, Selige,
Hast mit deinem ewig schönen Gesicht gefragt
Was ich jetzt wieder zu leiden hätte
Warum ich rufe
Was ich Verrückte mir nun wieder wünsche –
»Wen soll denn Peitho wieder
In deine Liebe jagen
Wer tut dir weh, Sappho?

Läuft sie dir jetzt weg? Bald läuft sie dir nach!
Weist sie Geschenke zurück? Bald schenkt sie sich selbst –
Und wenn sie noch nicht liebt – bald wird sie lieben
Auch wenn sie nicht will.«
Komm auch jetzt zu mir und erlöse
Mich von der Qual. Erfülle mir
Was meine Leidenschaft wünscht,
Meine Hoffnung – kämpfe du selber
An meiner Seite.

Nicht gerade ein devoter Ton, den die Dichterin der Göttin gegenüber anschlägt.

Nichts ist besser geeignet, die unvorstellbare Nähe des Göttlichen, seine selbstverständliche Präsenz zu beschreiben, als dieses ungestüme Bittlied. Es ist ja eigentlich keine Bitte, mit der die Liebesgöttin vom Olymp heruntergerufen wird, eher eine Forderung, drängend und eilig. Man kann die Wunscherfüllung in der Liebe kaum erwarten, und Geduld hat keinen Platz in der Leidenschaft.

Ein weiter Weg ist von den Epen, den feierlichen Götter- und Heldenpreisungen der homerischen Zeit, bis zu diesen intimen Liedern zurückgelegt worden, vom namenlosen Anbeter zum Autor, der seine individuellen Eigenheiten und Brüche zu beschreiben wagt. Hesiod, um 700 v. Chr., hatte diesen Weg beschritten, und weil die Musik der Literatur Flügel gab, folgten ihm andere mit Tänzen, Arbeitsliedern, Gebeten und Totenklagen nach.

Zu Sapphos Zeiten war das schon lange ein richtiger

Beruf: Gute Sänger und Vortragskünstler konnten viel verdienen, die Menge der Götter machte eine Fülle von Festen notwendig.

Dennoch: Die Sprache war noch ganz unschuldig, die Bilder nicht abgenutzt, die Metaphern noch nicht versteinert. Es waren keine Wortgirlanden und Grammatikschleier notwendig, um ein überfüttertes oder blasiertes Publikum zu reizen. Die Raffinesse der Endzeiten war noch in der Ferne der Zeit verborgen.

Über Sapphos Kindheit wissen wir nichts. Es ist aber anzunehmen, daß die Allgegenwart der Götter schon für die Kinder selbstverständlich war. Wir wissen, daß sie drei Brüder hatte – vielleicht hat sie ihr großes Selbstbewußtsein in frühen Kämpfen und Durchsetzungsversuchen erworben. Die Fragen wollen nicht enden: Wie sahen die Häuser aus? Was hatten die Mädchen an? Was aß man? Wie reiste man? Wie eine Laterna Magica kann man die Splitter der Gedichte benutzen und begrenzte Blicke in einen versunkenen Alltag tun.

Es gab Wein, natürlich, goldene Bänder und bunte Westen, es gab Äpfel und Erdbeeren, hohe Mützen, auch sie vielfarbig, Festtagsbraten, purpurne Bänder und Neid auf die Städte in Lydien, die größer und prächtiger waren als Mytilene, das unter Kämpfen zu leiden gehabt hatte. Pferd und Wagen waren die Fortbewegungsmittel der Begüterten, und die Schiffe mit den Augen fuhren zu den anderen Inseln oder zur nahen lydischen Küste.

Parfum gab es, aus Öl und Blüten gewonnen, und wer sich die archaischen Bürgerinnen und Bürger als weißbehemdete Schar vorstellt, von der »edlen Einfalt und stillen Größe« noch immer geblendet, irrt. Es ist in jeder Hinsicht bunt zugegangen. Sapphos Zeitgenosse Alkaios, Lesbiote auch er, ist für seine Trinklieder bis heute berühmt.

Die Mittelmeerwelt war damals einigermaßen zur Ruhe gekommen, nach den großen Völkerwanderungen der griechischen Stämme, die das östliche Mittelmeerufer besiedelten. Hatten sich die Sagen davon bis in Sapphos Zeit erhalten? Was bedeutete damals eine vergangene Zeit von fünfhundert Jahren? Und »zur Ruhe gekommen« – nur weil die Kämpfe, deren Kontrahenten wir so wenig kennen wie ihre Gründe, im Dunkel der Geschichte verschwunden sind?

Auch die Welt von damals änderte sich andauernd, und man darf sich das Goldene Zeitalter nicht als goldenes Tafelbild mit feststehenden Einzelheiten vorstellen. Schließlich machten es die Götter den Sterblichen vor, wie man kämpft, sich überlistet, wie man Macht demonstriert und Ohnmacht erzwingt. Selbst wer nur die völlig entfärbte Götterwelt von Schwabs unumgänglichen Sagen kennt, weiß das. Es ist die wunderbare und leidenschaftliche unsterbliche Gesellschaft auf dem Olymp, ohne die wir den Menschen des archaischen Zeitalters nicht näherkommen können, und die Dichterin Sappho, um derentwillen man sich nach so vielen Jahrhunderten und gezähmt – scheinbar gezähmt – durch die christlich-abendländischen Unfehlbarkeitsvorstellungen auf dem Götterberg umschauen will, weist den Weg, macht ihn durch ihre Lieder leicht und schön – aber es wird etwas wie Sehnsucht zurückbleiben.

Es heißt, Sappho habe auf Lesbos zur Aristokratie gehört, aus diesem Grunde habe es mit Pittakos, dem Weisen, Unstimmigkeiten gegeben. Der Tyrann war ein Neuerer, und Neuerungen gefallen der herrschenden Klasse meist nicht. Vor Pittakos hatte es eine Menge vom Volk bejubelter, die Privilegien des Adels bekämpfender Tyrannen gegeben, sie hielten sich nicht lang. Erst Pittakos schaffte es nicht nur, zehn Jahre zu regieren und nach einiger Zeit die in der Verbannung ruhiggestellte Elite wieder zurückzuholen – er verzichtete auch nach diesen zehn Jahren freiwillig auf sein Amt.

So also ist das leichtfertige Wort von der »Ruhe« auf der Heimatinsel gemeint, wo nach Sapphos Rückkehr um das Jahr 585 v. Chr. der Teil ihres Lebens beginnt, auf den wir wenigstens so viele Blicke werfen können, daß Phantasie weiterspinnen kann.

Eins war damals in dieser Gegend der Welt noch nicht alltäglich, und sicher war es einer der entscheidenden Fehler der alten Götter, nicht zu begreifen, welche Konkurrenz ihnen da unter den Augen erwuchs: Münzen. Es blühte der Handel, die Fahrten auf See wurden weiter und brachten reichere Erträge, Lydien, wo das geprägte Geld erfunden worden war, lag nah an Lesbos. Später wird man Sapphos Portrait auf Münzen verewigen, es sind viele davon gefunden worden, und nichts ist anscheinend geeigneter, ihr wirkliches Erdendasein zu bezeugen: Sie war würdig, Geld zu zieren. Soweit sind wir aber in unserer Geschichte noch lange nicht, und daß die unscheinbaren kleinen Symbole für Besitz ihnen einen Herrschaftsbereich nach dem anderen streitig machen würden, ahnten die Götter nicht. Sappho vielleicht?

Geld hat keinerlei Tugend und wohnt
Nicht ohne zu schaden bei uns.

Dennoch wird sie es gemocht haben, und das hat sich ja im Lauf der Jahrhunderte erstaunlich wenig geändert – diesen haltbarsten und siegreichsten aller Götter durfte man nach außen verachten, seine öffentliche Anbetung galt immer als deplaziert, ja geschmacklos. Um so ungehemmter durfte man ihn heimlich lieben. In aller Unschuld mag das die Dichterin auch getan haben, denn die zärtliche Beschreibung jener Dinge, die das Leben schmücken und angenehm machen, läßt darauf schließen, daß ihr barsches Verdikt mehr öffentlich-moralische als ernst gemeinte Gründe hatte. Oder hat sie doch, inmitten ihrer andachts- und glaubensgesättigten Welt, eine dunkle Ahnung gehabt, daß die einst ins Wanken geraten und das tugendlose, aber angenehme Neue eine Rolle dabei spielen könnte? Dichter, Sänger, Seher: Das war damals nicht voneinander zu trennen, aber wir wollen ihr nicht zumuten, zu tief in die Zukunft zu schauen: Noch brauchte sie an die allgegenwärtige Schar der Göttinnen und Götter nicht zu glauben, sie durfte ihrer sicher sein, der vielen unsterblichen Spiegelbilder.

Eichen im Gebirg

Zwei Orte finden sich dann doch in Skala Eréssou, die man der zum Mythos entrückten Tochter der Stadt gelassen hat, beide befinden sich aber unter strenger Bewachung der alleinseligmachenden christlichen Kirche. Das wird uns auf der Insel noch öfter begegnen – wo immer der Zephyratem des Heidnischen weht, haben die Nachfolgenden ein Kirchlein, ein Kloster oder eine Kapelle hingestellt, damit man ihn nur ja nicht spürte.

Skala Eréssou verfügt über eine kleine Ausgrabungsstätte, ein noch viel kleineres, der Dichterin gewidmetes Museum und daneben eine schön goldglänzende Kirche des Heiligen Andreas, die das mißtrauenerregende antike Gerümpel bewacht.

In die Ruinen muß man zur Mittagsstunde gehen, wenn der Wächter sich in sein Häuschen zurückgezogen hat und sein Kater platt auf den ehrwürdigen Steinen liegt. Bougainvilleen haben sich über ein Kapitell gestreckt und blühen in wildem Violett, das Geviert der Tempelanlage ist noch zu erkennen, und ein Haufen verführerischer Scherben liegt im Schatten. Blumen und Gräser ringsherum verraten, daß sie da schon lang liegen. Pans Stunde ist die richtige für Ruinen, wenn man sich Mühe gibt, hört man die Flöte.

Keiner kann mir hier sagen, aus welcher Zeit die Anlage ist. Aus der Kirche kommt eine mahnende Duftwolke nach heißem Wachs und kaltem Weihrauch.

Wie der Apfel da oben so rot wird und süß –
Ganz da oben, am entferntesten Zweig!
Haben sie ihn zu pflücken vergessen?
Vergessen nicht, nein!
Sie haben ihn bloß nicht erreicht!

Vielleicht liegt es an solchen simplen, wunderbaren Liedchen, daß ein Scherbenhaufen, der wie eine Wagenladung zertrümmerter Blumentöpfe aussieht, in manchen Menschen ein unbezähmbares Entzücken auslöst: als seien all die schönen Rätsel in den Scherben und müßten nur noch zusammengesetzt und gelesen werden.

Ein Sappho-Gedicht ist auf einer Scherbe gefunden worden, und der Neid packt mich, wenn ich an das Gefühl denke, das den Finder ergriffen haben muß – es ist das erste Gedicht aus dem Apfelgarten.

Das Museum, in das zu gehen ich fast Angst habe: Der Innenraum ist nach der Helle der Tempelreste stockfinster, ein Räumchen so groß wie ein kleines Wohnzimmer, an den Wänden Vitrinen von der Art, die man aus sehr alten Dorfschulen kennt und in denen tote Vögel und Bandwürmer in Spiritus aufbewahrt wurden.

Es kostet nichts, sagt der friedliche junge Mann, der sich als Wächter ein paar Drachmen verdient. Nein, photographieren ist verboten. Bestechen läßt er sich, zu meiner Schande muß ich es gestehen, nicht.

Zum erstenmal denke ich, begeistert von den winzigen Figürchen und Väschen: Das kann sie gesehen haben, das kann sie angefaßt oder gekauft haben. Und vergesse für kurze Zeit, daß hier, wenn überhaupt, nur ihr Geburtsort war.

Ein paar leuchtende Mosaikreste, wenige Köpfchen und Töpfchen, die Beschriftungen sind auf vergilbtem Kanzleipapier und von Hand, in einer schütteren, sepiabraunen Schrift. Manchmal steht eine Zeitzuschreibung dabei, aber nicht immer.

Es sind, wie in den meisten kleinen Provinzmuseen, nur Reste, die man dagelassen hat, der Bodensatz, den die antikengierigen offiziellen und inoffiziellen Diebe aller Zeiten übrigließen. Das ist aber das Seltsame an diesen alten Abfallhäufchen: Noch im kleinsten Detail ist der große Plan der Schönheit erkennbar. Die etwa handgroße Tonfigur einer Sitzenden erinnert an Sapphos Mädchen, so wie dieses Figürchen könnten sie ausgesehen haben.

Kommt her, zierliche Grazien und
Ihr Musen mit den schönen Haaren

Auf dem Weg, der vom Museum wegführt – wieder einem holprigen, schwierig zu findenden Weg –, fallen mir zum erstenmal die Eichen auf. Ich habe die Bäume, die in Sapphos wohl schönstem Fragment eine Rolle spielen, gar nicht gleich erkannt, weil sie viel kleinblättriger sind als bei uns, die Blätter viel härter, und wenn der Wind hineinfährt, klappern sie wie Knochen.

Eros hat mich durchgeschüttelt
Wie der Wind die Eichen im Gebirg

Vom Gedenkort, den man ihr an ihrer angenommenen Geburtsstätte gegönnt hat, geht es zum kleinen Hafen, in dem wie überall hier bunte Boote liegen und hübsch aussehen.

Da ist es, sagt der Führer für diesen Tag.

Was ist da? frage ich.

Na, der Felsen, sagt er.

Welcher Felsen? frage ich.

Na, von dem sie gesprungen ist! Selbstmord! sagt er ganz stolz, als berichte er von einem jüngst geschehenen Dorfdrama.

Aber das kann er gar nicht sein, sage ich. Das ist nicht der Leukadische Felsen. Und außerdem ist sie gar nicht gesprungen.

Der Felsen ragt hoch auf, neigt sich ein wenig über das Meer, was ihn tatsächlich sehr geeignet aussehen läßt. An seinem Fuß erkenne ich geheimnisvolle Höhlen, dunkel, zum Teil vom Meer bespült. Ein Mädchen mit rotverbrannten Knien kämpft sich langsam und selbstvergessen über die scharfkantigen Steine ins Höhleninnere. Oben auf dem Fels, ganz deutlich abgehoben gegen den blauen Himmel, sieht man eine weiße Statue von seltsamer Form. Lange versuche ich zu erkennen, was sie darstellt, bis sie ganz langsam den Kopf mit dem Riesenschnabel dreht und sichtbar wird, daß oben auf der legendengeschmückten Klippe ein Pelikan auf seinem Nest sitzt.

Es ist die Klippe! sagt der Landes- und Geschichtskundige beleidigt.

Und ich schweige und denke, daß es geradesogut diese

wie irgendeine andere sein kann, an der man die Geschichte aufhängt, jene Geschichte von der Liebe der alternden Sängerin zum schönen Jüngling Phaon. Als die Piaf ein bißchen älter geworden war – sie hat ihr Leben zu heftig gelebt, um wirklich alt zu werden –, war sie in einen schönen, schwarzlockigen griechischen Jüngling verliebt, der Sarapo hieß. So habe ich mir immer den Phaon vorgestellt, und die Beschreibung der Dichterin als »klein und schwarz« läßt die Assoziation vielleicht begreiflich werden.

Von all den schönen Theaterrequisiten, den Felsen und Höhlen, dem Jüngling und dem seit Menschengedenken gleichen Himmel mit seinem Licht, wird man sich sowieso verabschieden müssen, wenn man ein biographisch gesichertes Leben der Sappho sucht. Das zu erstreben wäre sinnlos, denn man würde nur wieder ein edles Standbild mit starrem Faltenwurf und hochfliegendem kulturellen Auftrag aufstellen.

Lassen wir ihr die Sagen und den Jüngling, es wird in Wirklichkeit genügend Lieben aller Art gegeben haben, sonst wären ihre Lieder nicht, wie sie sind. Lassen wir den Felsen, und wenn die Menschen von Eressós darauf bestehen, daß dieser und kein anderer der richtige ist – warum nicht? Bei vielen großen Künstlern der frühen Zeit gibt es einen Wettstreit ihrer Länder um Geburts- und Sterbeorte, Homer hatte sieben, wenn ich mich richtig erinnere. Auch sieht man in den Hügeln hinter dem Fels die Eichen, und die Magie des Ortes scheint so spürbar zu sein, daß man vorsichtshalber auch hier eine kleine Kapelle hingestellt hat.

Friedrich Schlegel verdanken wir den Hinweis auf attische Komödien, die für die Verbreitung der Phaon-Legende verantwortlich sind. Aber die lange Küste der Insel Lesbos verfügt über Dutzende von sehr geeigneten Klippen, um dem Leben spektakulär und sicher ein Ende zu setzen.

Ob von dort oben, wo jetzt der Pelikan brütet, schon jemand gesprungen sei? Immer wieder, sagt der kundige Führer und grinst. Das die Klippe erkundende einsame Mädchen mit den roten Knien ist verschwunden.

Die Kapelle lockt mit weit offener Tür und zeigt in ihrem Inneren jene eigenartige Mischung aus goldenen Monstranzen, schwarzglühenden Heiligenbildern und halbleeren Putzmittelflaschen, die ich in allen Kirchen und Klöstern hier finde. Es scheint, als sollte das überall zur Schau gestellte Stilleben aus Haushaltsutensilien im Heiligsten beweisen, daß man sich auch alltags um den Allerhöchsten kümmert und sein Haus reinhält. Wachsam sein heißt es gegen Schmutz und Verführung aller Art!

Sehr wenige Fremde verirren sich an den kleinen Hafen, der einen eigenartigen melancholischen Reiz ausstrahlt, mit den verwitterten Booten, den leeren Bänken, dem anmutig überwachsenen Autowrack, in dessen schmalem Schatten eine Familie ein stilles Mittagessen einnimmt. Es liegt auch an jenem immer gleichen Geruch, den die Kirchen und Kapellen ausatmen, und an den Tonscherben und Marmorbrocken, die keiner zum Sprechen bringen will.

Vielleicht bilde ich es mir ein, aber von den Hügeln

herunter ist das klappernde Geräusch der Eichenblätter zu hören, in die der Wind vom Meer her fährt. Das Meer aber liegt ganz ruhig, wie lauernd, die Boote bewegen sich kaum.

Skala Eréssou: Noch nicht der Platz, über ihre Lieben nachzudenken, oder vielleicht doch. Ein Anfang und ein erfundenes Ende. Keine schlechte Voraussetzung.

Wie mögen sie damals, keiner weiß wann, von Eressós nach Mytilíni gezogen sein? Eine Karawane von Lasttieren und Bediensteten, Geschirr, Kleider und Hausaltäre im Gepäck. Haben sie einen Weg über die Berge gesucht, oder konnte man am Ufer entlangreisen, über die Klippen, die im Weg stehen, und an den Buchten vorbei? Soweit bekannt ist, hat sie mit ihrer Familie schon vor der Verbannung in Mytilíni gelebt, und sie ist nach dem jahrelangen Aufenthalt auf Sizilien wieder in die Hauptstadt zurückgekehrt. Wir wissen nicht, ob sie jemals die Reise in ihren Geburtsort wiederholt hat. Wir wissen aber, daß Troja viel näher an Lesbos liegt als zum Beispiel Athen. Die lydische Kultur, der lydische Luxus erweckten ihre Sehnsucht, vielleicht sogar ein bißchen Neid –

Einen Peplos
Einen safran- und purpur-
gemusterten Peplos
Gewänder
Kränze, um die Schönheit
Phrygisch
Purpur

Wieder eins von den verstümmelten Fetzchen, aus denen die Farben – nicht nur weil sie benannt sind – deutlich leuchten. Luxus und Schönheit sind eine Melodie, die sich durch ihre Dichtung zieht, weil Schönheit ein Teil des Götterdienstes ist und Häßlichkeit und Unscheinbarkeit den Unsterblichen nicht zugemutet werden darf. Nach der endgültigen Ansiedlung in Mytilíni wird sie eine berufstätige Frau.

Es liegt in der Natur der Dinge, daß auf dem Bild alter Dichter ein dicker Firnis von Erhabenheit und Entrückung entstanden ist. Die Verdienste des neunzehnten Jahrhunderts sind unstreitig, und auf vieles, das im Dunkel der Geschichte und der Gleichgültigkeit verschwunden war, haben erst die Neugierigen des vergangenen Jahrhunderts wieder ein Licht gerichtet. Durch die Art der Annäherung sind aber auch Verzerrungen entstanden, die Moral als Kriterium für Kunst bewährt sich ein weiteres Mal nicht.

Wer so viel Maß und Schönheit in seine Bauwerke, in seine Plastiken und in seine Literatur zu bringen vermochte, mußte notwendig edel und gut sein. Schleiermacher mit seiner krähwinkligen Plato-Übersetzung hatte ein übriges getan und die Elle geliefert, an der alles andere gemessen wurde.

Das findet übrigens einen lustigen späten Niederschlag im Hafen von Molyvos, in dem kleine Agenturen Schiffsreisen verkaufen. Auch Busfahrten werden angeboten, die (Originalzitat in deutsch) »urtümliche und lustige« Ausflüge versprechen. Nur auf einem meerblauen Plakat wird der Dichterin gedacht: »Es geht nach Eressós. Dort wurde Sappho geboren, über die sogar Platon etwas geschrieben hat.«

Sogar! Ihr Unverständnis wäre groß gewesen, zöge man den Philosophen der Dichterin und den Mann der Frau vor, ja, hielte die Dichtung erst durch die Philosophie für abgesegnet!

Die Entschlossenheit, mit der Sapphos zahlreiche Interpreten umfangreiche Säuberungs- und Entrückungsarbeiten an ihr vornehmen, vor allem natürlich, was ihre Lieben betrifft, hat etwas Unheimliches und Rührendes. Auf sie versammeln sich offenbar jene Ängste, die durch die lange und einfallsreiche Handhabung sexueller Repression entstanden sind.

Noch 1950 schreibt Schadewaldt in seinem Buch *Sappho. Welt und Dichtung. Dasein in der Liebe*: »Bewahrt durch diesen Sinn der Scheu, ist Sapphos Liebe der vollkommene Ausdruck ihrer Frömmigkeit, und nur als Flamme dürfen wir sie denken, die von dem Stoff genährt, der der ganze Mensch ist, nur steil und rein nach oben brennt und sich verzehrt.«

Sie war also eine berufstätige Frau geworden und hatte beschlossen, in ihrer Schule weiterzugeben, was sie selbst konnte: Sangeskunst, gute Manieren, Sinn für Schönheit, Lebensart und Götterdienst, das eine, wir wissen es, ging ins andere über. Aphrodite und ihr Kult durchdringen den Alltag, und Aphrodite ist teilnehmende Zeugin für jene allfälligen Verwirrungen, die nicht durch schwer vorstellbare Dinge wie steile, nach oben brennende Flammen verursacht werden, sondern durch Begehren, einfaches, »durchschüttelndes« Begehren.

Nun hat damals, soweit man weiß, Erziehung und Einführung ins Leben nicht notwendig physische Distanz vorausgesetzt, im Gegenteil. Aber schon damals wird durch das Begehren, erfüllt oder nicht, etwas ganz anderes auf der Strecke geblieben sein als die Moral: Die Gerechtigkeit nämlich, etwas, das wir beim Lehrenden dem Lernenden gegenüber einzufordern gewöhnt sind.

Sie war nicht anders als ungerecht zu denken, diese kleine, nervöse und sprunghafte Diseuse mit ihren Mädchen, die sie auf die Hochzeit vorbereitet und von denen sie mal die eine, mal die andere hemmungslos bevorzugt.

Den Göttern scheint er gleich
Der Mann dir gegenüber der
Deiner süßen Stimme zuhört
Und den du so strahlend anlachst
Dem Herzen in meiner Brust aber
Nimmt das die Ruhe. Wenn ich dich seh
Verschlägt's mir die Stimme
Starr liegt mir die Zunge im Mund.
Ein schnelles Feuer fährt mir unter die Haut
Meine Augen sehen nichts mehr
Mir dröhnt's in den Ohren
Der Schweiß bricht mir aus, ich zittere
Am ganzen Leib
Bin bleicher als trockenes Gras im Sommer
Dem Tod nicht mehr fern
Komm ich mir vor
Aber alles muß man ertragen
Wenn es so ist

In wenigen Gedichten nach ihrer Zeit und in keinem, das ich kenne, vorher kann man die physischen und psychischen Verheerungen, die Liebe anrichtet, so schonungslos schön lesen wie in diesem Lied. Konnte so eines wirklich entstehen ohne ganz ausgelebte Leidenschaft? Im Schonraum des Kreises der Freundinnen, mit all den kleinen Eifersüchteleien und Koketterien, die das Leben spannend machen, aus der Tändelei, deren Geschmack in kleinen und kleinsten Fragmenten noch spürbar ist:

Nie habe ich, Iranna, eine getroffen
Die so boshaft war wie du …

erhebt sich mit ungeahnter Kraft die wirkliche Leidenschaft mit dem Teufel der Eifersucht im Nacken.

Es ist, als seien die Jahrtausende nicht vergangen, ja, so ist es, denkt auch heute jedes Opfer dieser Gefühle, ja, es hat sich nichts verändert, und genau wie wenn einen nachts im Radio unversehens »unser Lied« überfällt, wird man »bleicher als das trockene Gras im Sommer«. Man muß es gesehen haben, das hohe, trockene Gras auf der Insel, die verdorrten Blüten, jene hoffnungslos kranke, gelbe Farbe, die aussieht, als könnte nie mehr Leben auf dieser Erde entstehen. Nie mehr wird man begehren, wenn man so begehrt hat. Nie mehr wird etwas wachsen.

Eros mein Bote

Wir sind in Mytilíni, wie man heute sagt, einst hieß die Stadt Mytilene, wo Sappho vermutlich um das Jahr 585 v. Chr. nach dem Exil Heimat und Wirkungsstätte fand. Es gab nicht nur ihre Schule, die Götterdienst, Kunsterziehung und Heiratsvorbereitungen miteinander verband, auch andere Frauen auf anderen Inseln hatten sich diesen Beruf gewählt.

Das alte Mytilene stand da, wo das jetzige Hauptstädtchen von Lesbos ist. Wo immer man dort gräbt, kommen Reste der alten Stadt zum Vorschein, und es kann als sicher angenommen werden, daß sich unter den großenteils verborgenen Stadtteilen noch ältere finden lassen.

1988, zum Beispiel, hat man im Hof des Neuen Museums ein bißchen gegraben und viel gefunden. Es sieht aber so aus, als sollte gar nicht so heftig gesucht werden und als halte sich das Entzücken über die Steine sehr in Grenzen.

In der alten Stadt Thermi und in Skala Thermi hat man vor einigen Jahren weitläufige Anlagen ausgegraben, eine Menge Gegenstände fürs Museum aus der Grabungsstätte geholt – und dann alles wieder zugeschüttet.

Vielleicht ist das gar nicht so unvernünftig, wenn man das schwere Glück zu tragen hat, an Orten zu wohnen, an denen einem die Geschichte und die Ästhetik unaufhörlich unter den Füßen rumort, wo die ganze Welt

Hunderte von Jahren lang vorbeikommt, um möglichst viel davon zu rauben, und wo die Fremden zu erwarten scheinen, daß die Bewohner in Chiton und Peplos die Ruinen bevölkern.

So ist es gewiß gewesen – aber so ist es schon lang nicht mehr. Im antiken Theater, das in einem Wald gesucht werden muß, oder in den kleinen Tempelausgrabungen – rätselhafte kleine Gruben, die man in der Stadt unversehens findet und die Säulen, Kapitelle, Gras und Katzen enthalten – ist man meist angenehm allein.

Einen halben Tag lang bin ich, einen Drahtzaun ignorierend, in Fundamenten herumgeklettert, die ich mitten in der Stadt gesehen hatte, hinter einer kleinen, bunten und lärmenden Marktstraße, die aber gegen zwölf Uhr in einen tiefen Schlaf versunken war, aus dem sie sich erst nachmittags gegen halb fünf wieder herausräkelte. So war ich allein in einem unbeachteten Rest alter Mauern, umgestürzter Säulen und versunkener, rätselhafter Brocken. Der Zaun war wohl nur dafür gedacht, daß die Anwohner keinen Müll in die Grube werfen sollten. Zurückhaltende Gesellschaft leisteten mir zwei zierliche, federschwänzige Katzen, eine Sorte, die ich immer wieder auf der Insel gesehen habe und die auf die frühere Anwesenheit eines besonders leistungsfähigen Perserkaters schließen läßt.

Ich habe versucht, mir die Anlage von Sapphos Schule vorzustellen, nicht Klassenzimmer, aber Schlafkammern und Küche, Altar und Badebecken, Bäume und Ruhebänke. Sapphos Schülerinnen kamen sogar aus Kleinasien, sie müssen also Pensionärinnen gewesen sein, doch im Unterschied zu ihren Kolleginnen – denen Sappho durchaus nicht überirdisch wohlgesonnen war – hat sie mehr ihr Künstlertum betont, ihre Fähigkeit, Dinge des Alltags und große Gefühle poetisch und musikalisch festzuhalten, festzuhalten für lange Zeit, denn von der Unsterblichkeit ihrer Kunst war sie ziemlich überzeugt.

Sie war ein bißchen ungeduldig wie viele Stars, streng, sprunghaft, selbstbewußt, und auch die überwältigendste Gefühlswoge vermochte es nicht, sie von der Form weg ins Chaos und in die Stammelei zu spülen.

Klein und schwarz: Eindeutig belegbar ist diese Beschreibung ihres Äußeren natürlich nicht, aber ich kann sie mir nicht anders vorstellen, denn die selber makellos schön sind, haben nicht die Fähigkeit, das Schöne so zu erkennen und so leidenschaftlich anzubeten, wie sie es tat. Ich stelle sie mir ein bißchen wie Coco Chanel vor, wie die Colette, die Piaf natürlich, immer flirrend und bebend, in der Liebe nicht nach dem Geschlecht fragend, sondern nur nach der Faszination.

Allerdings – Schönheit, dagegen –
Ich hab doch selber nichts Besseres

Traurig ist die Seele
Sie läßt die Flügel hängen
Für meine Tränen

Wer so herumirrt, den treiben der Wind
Und die Sorgen vor sich her

Ist dir von den Menschen
Einer lieber als ich?

Oft
Wem ich nämlich am meisten wohl tat
Hat mich am meisten gequält

Und ich sehne mich und
Ich begehre

Es haben sich Dutzende von diesen Liedsplittern erhalten, aus denen leicht zu lesen ist, wie wenig die besungenen Themen und die erduldeten Schmerzen sich geändert haben: Kai potheo kai maomai – und ich sehne mich und ich begehre.

Auf den zufällig gefundenen Trümmern, von vielen Augenpaaren hinter den Fensterläden der kleinen Wohnhäuser betrachtet und von einem kleinen Hund auf griechisch beschimpft, erscheint mir das Leben der Sängerin und Lehrerin Sappho gar nicht so unvorstellbar.

Daß diese Trümmer höchstwahrscheinlich überhaupt nichts mit ihr zu tun haben, macht nichts. Von dieser Art romantischer Spurensuche habe ich mich längst verabschiedet, ohne es zu merken.

Was, genau, hat es nun mit den Lieben der Sappho auf sich? Es sind buchstäblich Tausende von Buchseiten mit philologischen Turnübungen vollgeschrieben worden, die sich in weiten und komplizierten Pirouetten, Doppelschritten und Überschlägen um die schlichte Frage winden: Hat sie oder hat sie nicht? Es ist eigenartig, wie die Mischung aus Prüderie und Idolisierung das Bild der Künstlerin verdunkelt, in Wahrheit, denke ich, ist die Sache ganz einfach: Warum soll sie denn nicht haben? Jener Teufel war ja noch nicht erfunden, der für das Sündenbewußtsein sorgt und mit der Abstrafung des physischen Liebesglücks den härtesten Disziplinierungsknüppel in die Welt befördert hat, den es je gab. Auch vom sogenannten Widernatürlichen ist erst viele hundert Jahre später die Rede, und wie die Männer in der Hinwendung zu den jungen Männern vor dem Körperlichen zurückzuscheuen keinen Grund sahen, so haben das die Frauen und Mädchen untereinander offenbar genausowenig getan. Es gibt auch keinen Anlaß anzunehmen, daß damals die Hinwendung zum eigenen Geschlecht aus Gründen der Verachtung des jeweils anderen geschah. Das wäre im gesellschaftlichen Gefüge undenkbar gewesen, und die Hochzeit war, als Abschluß der Zeit des Lernens für die Mädchen, gewiß kein gefürchtetes oder verhaßtes Ereignis. Abschiedsschmerz, natürlich, denn das Vertraute wurde zugunsten des Neuen aufgegeben.

Zwei Sappho-Lieder zeigen deutlich, wie klar und souverän sie das Fremde, den Mann in Gegensatz zur Frau, zu setzen versteht – nicht in einen feindseligen, sondern einen reicher machenden Gegensatz: und das alles nicht ohne ein bißchen Ironie.

Reiterheere, sagen die einen,
Soldaten oder mächtige Flotten die anderen
Seien auf der dunklen Erde das Schönste

Ich aber sage:
Was man liebt – das ist es.
Das kann man jedem ganz leicht erklären
Denn die schöner als alle Menschen gewesen ist
Helena, verließ ihren Mann
Den besten
Verließ ihn und segelte fort
Nach Troja
Verließ ihr Kind und ihre
freundlichen Eltern
...
So denke ich auch wieder an meine
ferne Anaktoria

Auch das ist ein altes Liebesmotiv, auf das man sich verlassen kann und das auf dem Rücken der Jahrhunderte unverändert in die Jetztzeit gesegelt kam: Das Beziehen der fernsten, der klassisch gewordenen Liebeskatastrophen auf sich selbst. Es ist doch nicht wirklich ein Unterschied, wenn Sappho bei der Helena-Geschichte, die für sie ja auch schon ein ehrwürdiges Märchen gewesen ist, an ihre Anaktoria denkt oder wenn wir je nach Präferenz den *Tristan* oder *Nothing compares 2 U* hören und sehnsüchtig an unseren Franz oder unsere Franziska denken.

Eins haben wir noch nicht genug bedacht: Dichtung allein gab es nicht. Man muß sie sich mit Musik vorstellen, begleitet von der Lyra, dem »Schildkrötenpanzer«, Schlaginstrumenten und Flöten. Einsam war nur der Produktionsprozeß, da hat sich nicht viel verändert – die

Präsentation war immer öffentlich; und vielleicht wäre mancher Poet und manche Poetin von heute glücklicher, wenn man ihre Texte schön sänge und sie nicht stumm zwischen zwei Buchdeckeln steckenblieben. So verbreiteten sich die Gedichte, die Musik trug sie weiter, und ich weiß nicht, warum man sich die Zehnte Muse nicht als wunderbar begabte Schlagerdichterin und -sängerin vorstellen soll, eine mit einer unmittelbaren Beziehung zu den Göttern allerdings.

Auf dem Weg durch Mytilíni habe ich immer die Gedichte dabei, natürlich, und Wörter, die ich nicht weiß, kriegen einen roten Farbtupfer, denn den großen Gemoll kann ich nicht mitschleppen, und mein Buch wird immer sommersprossiger.

Der Glaube, ihrer Lieder gleichsam osmotisch und nicht zuletzt in der Wolke melancholischer Kneipenmusik habhaft zu werden, verläßt mich dennoch nicht. Touristenmusik, sagt jemand hochnäsig. Na und? Das Klagen und rhythmische Verzögern, die halbherzigen Tanzmelodien und schrillen Agapimou-agapimou-Schreie bleiben für Einheimische und Fremde das gleiche.

Alle, die irgendwohin kommen, wo sie nicht hingehören, wollen sofort einen Geheimbeweis, daß sie doch dahin gehören. Man sollte eigentlich wissen, daß man an ursprünglich gebliebenen Orten immer auffällt, als trüge man eine Gurke im Gesicht.

In Mytilíni ist ein »ursprünglicher Ort« jenes dunkle, abgewetzte Café am Hafen, das sich auf irgendeine Weise zwischen all den Wasserball- und Steckerleisläden gehalten hat.

Eine hochmütig-stille, düstere Welt der Reiterheere und Flotten, bewegungslos sind sie unter sich, diese mühlespielenden und zeitunglesenden Männer, zwischen denen ein fetter kleiner Ganymed mit einer langen Schürze und einem silbernen Tablett voller Wassergläser herumgeistert. Das einzige grelle Licht in dem Raum ist ein Sonnenstrahl, der sich in dem Tablett spiegelt, wenn der Junge an der richtigen Stelle stehenbleibt. Die Musik klingt rauh und sehr leise.

Eine Gruppe von Musikwissenschaftlern hat nach Vasenbildern und alten Texten die Melodien der archaischen Zeit zu rekonstruieren versucht. Ich habe die Bänder oft gehört und versucht, mir die Gedichte dazuzudenken, Tanzschritte, Tränen und Gelächter. Es will nicht recht gelingen, obwohl die Töne sehr schön sind.

Mytilíni hat ein fast vollkommen rundes Hafenbekken mit einer kleinen Öffnung. Ringsherum stehen Kirchen, Hotels, ein kleiner staubiger Park mit schattigen Bäumen und einem Restaurant, Andenkengeschäfte und Eiscafés. Ein sehr karges, hohes und schmuckloses Hotel, eine Art Endstation Sehnsucht, trägt Sapphos Namen. Man sieht nicht mehr Frauen, die zusammen gehen, als sonst irgendwo, aber man guckt anders hin.

Glauben Sie mir, sagt später eine in den Sonnenuntergang hinein, wenn man aus einer unglücklichen Ehe endlich dorthin gekommen ist, geht man nie mehr zurück.

Ist man dann glücklich? frage ich.

Aber ich bitte Sie, antwortet sie.

Natürlich schaut man, ob von der sapphischen Heiterkeit und ihrem Ungestüm etwas übriggeblieben ist – indessen aber hat auch diesen Liebeskontinent das sachte Vergessen ereilt. Es gibt nicht mehr viele, die der Dichterin in welchem Interesse auch immer gedenken, junge Familien mit Kindern und bescheidenen Ansprüchen haben die Insel erobert.

In den Hügeln von Mytilíni erzählen die Häuser andere Geschichten: Um die Jahrhundertwende hat es in der Stadt, die heute ungefähr 25 000 Einwohner hat, eine Blütezeit gegeben. Da stehen wunderschöne skurrile Villen, ein bißchen orientalisch, ein bißchen italienisch und etwas Côte d'Azur, und offenbar hat eine zweite Blütezeit, die vielleicht der Europäischen Gemeinschaft zu verdanken ist, eine Renovierungswelle in Gang gesetzt. Die schönen Luxusdomizile der Vergangenheit leuchten in frischen Farben und zeigen sich stolz im Schmuck der Gerüste.

Dahin hätte sie auch gepaßt, in diese Häuser, die nach Verwöhntheit und Unruhe des Herzens aussehen. Das folgende Lied, eigentlich sind es mehrere mit dem gleichen Inhalt, ist arg zerstört und zerfetzt: Das Parfum des Abschieds und der bittere Geschmack des echten Schmerzes sind trotz der Verstümmelungen noch sehr zu spüren:

Wirklich – ich würde lieber umgebracht
Hat sie geweint, als sie Abschied nahm
Damals. Dann hat sie gesagt
Ach, wie schwer haben wir zu tragen,
Sappho. Ich gehe so ungern
Und ich gab ihr zur Antwort

Geh nur, mit Freude, aber denk manchmal
An mich und daß es dir gutging.
Oder nicht! Ich will dich daran erinnern
Wieviel Schönes und Gutes wir zusammen erlebten.
Viele Kränze aus Veilchen
Rosen und Krokus
Bei mir ins Haar dir
Viele Blumenketten, duftend
Um den weichen Hals
Geflochten aus zarten Blüten

In den Wortfetzen, die noch übrig sind, baut sie wieder die bukolisch-idyllische Welt auf: Mit glänzendem Myrrhenöl habe sich die Freundin eingerieben und mit königlicher Salbe, das Bett sei so weich gewesen, und leider erfahren wir nicht mehr, was »neben« ihr war und was »zart und sehnsuchtsvoll«, aber man kann es sich denken, staunend über die Jahrhunderte voll Moralprediger und selbsternannter Weißwäscher. Auf jedem Fest, bei jedem Reigen seien sie zusammengewesen, und die Lieder klangen zur Frühlingszeit in jedem Hain.

Altes Lied der Liebe, des Abschieds und der Eifersucht: Erinnerst du dich, was wir alles zusammen hatten? Wie schön es damals war? Unausgesprochen immer unter dem Lied: Das kann dir kein anderer bieten. So wird's nie wieder sein. Ein Name taucht ohne Verbindung im Gedicht auf, Gongyla. Später wachsen die Wörter wieder zu ganzen Sätzen zusammen, dann versickern sie wieder –

Ein Zeichen
Jedem verständlich
Hermes, der den Müden zu Hilfe kommt
Ich sagte, mein Herr
Bei der Seligen Göttin
Keine Freude mehr, zu viel hab ich gelitten
Ich träume vom Totsein
Und die lotosblühenden Ufer des Acheron
Zu sehen
Hinunter zum Hades
Niemand …

Der Schmerz ist ganz frisch und scharf geschliffen in die Fragmente eingeschlossen. Jeder kennt ihn, mindestens jeder, der Gedichte liest.

Im Hafen von Mytilíni und in den kleinen Straßen dahinter werden die Eisenrollos hochgezogen, und die Gehsteige glänzen von Wasser. Ein alter Mann ordnet Schuhe, die er paarweise in verschiedene Ballettpositionen bringt und dann Preisschildchen dranheftet. Anderswo gibt es geröstete Nüsse, und auf der Straße stehen dicke Rollen mit falschen persischen Läufern vom Meter. Keine Spur mehr von weißen Säulen, aber an jeder Hausecke ein Heiliger. Stolz und rot geschmückt steht das Hauptquartier der Kommunistischen Partei von Lesbos. Es hat offenbar schon bessere Tage gesehen, aber die Fahne weht tapfer. Sie erscheint wie eine besonders gebrechliche Antiquität.

Heimatmuseum

Die Museen schließen um drei Uhr mittags, manchmal werden sie gar nicht erst aufgemacht. So wie das kleine Museum in Skala Eréssou sehen viele aus, pflichtschuldig, ein bißchen schlecht gelaunt wurden ein paar Kulturtrümmer nebeneinandergestellt, manchmal ist ein kleines Juwel dabei, das den Zugriffen der großen Museen, der Antikenschmuggler und Kunsträuber entgangen ist.

Solche Orte haben einen ganz eigenen Charme, man denkt liebevoll an den unbekannten Menschen, der sich irgendwann in der Vergangenheit mit Leidenschaft einer solchen Aufgabe verschrieben hat. Oft waren das pensionierte Lehrer oder Lehrerinnen, manchmal Privatgelehrte mit einem bescheidenen Vermögen und viel Zeit, bisweilen erinnert ein Bronzekopf oder ein Medaillon an die Wohltäter. Menschen dieser Art sterben leider aus – ihnen zu begegnen ist ein großes Glück. Ich habe weder in Molyvos noch in Mytilíni dieses Glück gehabt, was nicht heißt, daß nicht irgendwo diese Hüter der Kunst und der Vergangenheit leben.

Museen aber fand ich, wenn auch nicht ohne Mühe. Kein einziger Zugang wird einem auf dieser Insel leichtgemacht, auch daran kann man sich gewöhnen und beginnt es sogar zu schätzen, wenn man die Simulation eines Abenteuers, einer Entdeckung genießen darf und einem nichts aufgedrängt wird.

Hoch über dem Hafen von Mytilíni steht ein wunderbares, nagelneues Haus, modern und großzügig, mit teuren Materialien gebaut: wahrhaftig ein schönes Haus. Es ist das neue archäologische Museum von Lesbos. Drin sind gerade die ersten beiden Räume eröffnet worden, und sie sehen aus, wie der Standard es verlangt: Große Glasvitrinen, von allen Seiten her einzusehen, Karten an der Wand, Großphotos, gefällige Arrangements. Aus den Amphoren quellen Weizenkörner und Oliven, und ihre schönen Hälse ruhen auf ordentlichen Sandhäufchen. Es ist ein sehr schickes Museum, vielleicht wird man es dereinst ein bißchen länger geöffnet lassen als bis drei Uhr mittags – da ist nämlich die Panshitze noch lange nicht vorbei, und kein Grieche wird sein Museum zu dieser Zeit betreten.

In der Literatur über Lesbos ist vermerkt, daß zahlreiche Ausgrabungen aus archaischer Zeit in Kisten verpackt seit Jahren auf ein neues Museum warten – im alten konnte man sie angeblich aus Platzmangel nicht ausstellen. Ich bin auf der Suche nach dem Lächeln, nach unscheinbaren Zeitgenossen meiner Dichterin, es können Gebrauchsgegenstände oder kleine Figuren sein, ich bin bescheiden geworden. Wenn nur die Spur des Lächelns irgendwo aufscheint! Denn ich weiß längst, daß sie das Lächeln verschleppt haben nach New York und Chicago, nach Berlin und München, nach Paris und Rom. Kopenhagen nicht zu vergessen – ich stehe in der Hitze des Museums auf einer Insel, auf der es das gegeben hat, was ich mir jetzt aus den großen, kühlen Städten zusammenerinnern muß.

Das alte archäologische Museum liegt am Fuß des

Hügels, nahe dem Hafen, in einem schönen Garten. Es ist eine alte Villa, und offenbar war der europäische Geldsegen so solide, daß man das Haus trotz des Neubaus oben noch einmal renoviert hat. Dieses Haus atmet noch ein bißchen den Geist kunstsinniger Bürger, und aus manchen kleinen Tongesichtern leuchtet das Lächeln, an das ich schon vor vielen Jahren mein Herz verloren habe.

Unten ist jenes berühmte Mosaik zu sehen, das man bei einer Ausgrabung gefunden und dann hierhergebracht hat – Orpheus mit den Tieren. Orpheus trägt ein neckisches blaues Plusterröckchen und hält seine Lyra, um ihn herum lagern die schönsten Tiere. Die Mosaiksteine sind so klein, daß sie die Gestaltung ganz eigener und unverwechselbarer Gesichter erlaubten.

Auf meinem Weg nach Eressós bin ich auch in Ántissa gewesen, wo der Sage nach der Kopf des Orpheus, den die Mänaden ihm abgerissen hatten, angespült worden ist. Die Frauen von Ántissa sollen ihn begraben haben, und mit ihm hat die Kunst des Dichtens und Singens auf der Insel für immer eine Heimat gefunden.

Natürlich habe ich auch nach ihm gesucht, dem Urvater aller Sänger mit seiner unseligen Neugier und dem Ende durch Attentat – aber in Ántissa gibt es nichts zu sehen, Ántissa existiert zweimal, wie viele Küstendörfer. Die Bewohner, von Piraten gepeinigt und Überfällen am Meer hilflos ausgeliefert, bauten sich ein zweites Dorf in die Berge, warteten dort die Überfälle ab und zogen erst wieder ans Meer, wenn die Gefahr vorüber war.

Das alte Ántissa ist öfter zerstört worden, das letztemal vor zweihundert Jahren. Man weiß nicht einmal genau, wo es gelegen hat – aber man hat eine kleine Vineta-Legende erfunden, es heißt, daß die Fischer von einer Stadtanlage berichteten, die man bei ruhigem Wasser auf dem Meeresgrund sehen könne.

Hier wie auch anderswo kann man gegen Abend eine Melodie hören, die mich mehr als die kunstvoll restaurierte Musik an die Sappho-Lieder erinnert, ganz spielerisch und überraschend: Es sind die eigenartig melancholischen Melodiebögen der Schafsglocken. Nirgendwo habe ich zuvor diese Art Glocken gehört, sie sind in Halbtönen gestimmt und spielen Molltonarten bei langsamem Ziehen der Herde. Sie können aber auch übermütig klingen, wie Tanzmusik, wenn die Herde schneller läuft.

Jede Nacht höre ich diese Glockenmusik, auch noch wenn längst der Mond aufgegangen ist, und ich kann mir diese Klänge gut zu dem berühmten Nachtgedicht vorstellen, das von trockener, tapferer Traurigkeit und jener Knappheit ist, wie sie nur ganz große Poeten beherrschen. Dedyke men ha selanna / kai pleiades. Mesai de / nyktes, para d'erchet' hora / ego de mona katheudo. Und dazu die Glocken, die Nachtvögel und das Flüstern der Olivenblätter –

Der Mond ist schon untergegangen
auch die Pleiaden. Mitte der Nacht.
Vorbei ist die Stunde.
Ich aber liege allein.

Das Orpheus-Mosaik und ein mächtiger Löwe, den man bei Ausgrabungen im Hafenbecken gefunden hat, sind die auffallenden Spitzenstücke in dem schönen Interimsmuseum, aber es lohnt sich, längere Zeit mit den kleinen Fundstücken zu verbringen, die ihren Zauber nicht so schnell preisgeben – erinnern wir uns an das Liebesgedicht, in dem sie darüber nachdenkt, was für schön gehalten wird? Ganz unauffällig stellt sie da die Ästhetik der Macht – »Reiterheere, sagen die einen, Soldaten oder mächtige Flotten die andern, seien auf der dunklen Erde das Schönste, ich aber sage, was man liebt, das ist es« – gegen die Ästhetik der Liebe. Das Männliche gegen das Weibliche, natürlich, aber mit keinem Wort wird Ausschließlichkeit behauptet, und sie wird nur allzu gut gewußt haben, daß es auch für Männer jenen Zustand gibt, in dem Heere und schimmernde Wehr ganz und gar gleichgültig werden.

Wie sich die Kunst und das Vergangene auf dieser Insel zeigen, fast verborgen, spröde, ohne sichtbaren Stolz, befremdet zuerst, und es dauert eine Weile, bis man die banale Sehnsucht des Fremden nach dem machtvollen weißen Glanz der Tempel verliert. Erst dann aber wird der Blick im Museum frei für das zweitausendsechshundert Jahre alte Eichenblättchen – sic! – aus Goldblech, für die Anmut der tönernen Tänzerinnen und die wunderschönen Farben der Salbengefäße und Scherben. Auf einer englischsprachigen Tafel ist stolz auf das reiche künstlerische Leben und die große Vergangenheit der Insel hingewiesen, Alkaios, der meist als Sapphos Zeitgenosse bezeichnet wird, ist besonders liebevoll beschrieben. Sie kommt nicht vor. Ich suche die mir zugänglichen Texte ab, auch in den griechischen Erläuterungen ist ihr Name nicht zu finden.

Ihre Mädchen allerdings: Sie gibt es dutzendfach, in winziger, eleganter Ausführung, und es fallen einem all die schönen Namen ein, Kleis, Gongyla, Mika, Anaktoria, Doricha. An Sapphos Liederfragmenten haben wir Mode studieren können und achten auf Faltenwurf und Spangen, Tücher und Schmuck. Die riesigen Fundamente der Säulen im Garten des Museums und der elefantengroße Löwe mit seinem chinesischen Gesicht, der das Portal bewacht, spielen keine Rolle mehr, sondern der Mikrokosmos, die anrührenden Spuren vom normalen Leben.

Ich bin fast allein im Museum, und eine sehr barsche Dame bedeutet, daß nun Schluß sein müsse, es sei gleich drei. Kein Mensch mit Verstand geht um diese Zeit vor die Tür, und zu meinen schmerzlichsten Erinnerungen an den etwas traumverlorenen und hitzeblinden Weg vom Museum hinunter zum Hafen gehört der Anblick eines Zitronengartens, die glänzenden Blätter und Hunderte von reifen Zitronen hinter einer unüberwindlich hohen Mauer. Jetzt weiß ich, wie man bei einer Fata Morgana fühlt, und das rettende Café bietet nur *Kokakola* und *Koktail*, kein Ersatz für die Zitronen. Es ist ein Café, das sein Angebot nur in Griechisch aufgeschrieben hat und somit nicht darauf spekuliert, eine Auffangstation für Museumsopfer zu sein. Es liegt an einer Ecke, die Autos stürzen sich auf zwei Rädern um die Kurve den Berg hinunter, und die Kinder üben dazwischen, auf dem Hinterrad ihrer Bikes zu balancieren, was offenbar in diesem Jahr der letzte Schrei von Mytilíni ist.

Aber trotzdem gibt es eine friedliche Stille inmitten von Radau und Gestank, das liegt am blauen Wasser des Hafens. Die Aussicht auf die Mühe, die es gewiß kosten wird, auch noch die restlichen Museen zu finden, schreckt mich nicht. So tief ist der Frieden in mir, daß ich zum erstenmal beim Anblick der Sappho-Statue am Hafen nicht den Blick abwende. Man sollte bei ihr nicht lang verweilen, aber die etwas peinliche Geschichte muß zumindest erwähnt werden. Erst hatte man der großen Inseltochter gar kein Denkmal gesetzt, dann kam eine englische Schriftstellerin und hat ihr eins gestiftet, ein an sich nettes, wenn auch unauffälliges Statuettchen. Das hat die Regierung von Lesbos irgendwie gewurmt, schließlich war es ja ihre Dichterin, und ein Denkmal konnte man sich leisten. Nun steht da ein weißes Geschöpf mit einer bratpfannenartigen Lyra im Arm und schaut auf das Wasser. Sie sieht genau aus wie die Feen in den Disney-Filmen, so daß Ehrfurcht sich nicht recht einstellen will. Es ist mir nicht gelungen, Rose Macaulays Spende wiederzufinden. Vielleicht war sie zur Reparatur.

Diese Denkmalsgeschichte zeigt ein bißchen von jener Zögerlichkeit, auf die man immer wieder stößt, wenn ihr Name genannt wird. Keiner gesteht seine Befangenheit ein. Oder ist es einfach nur Desinteresse, wer schaut schon bei uns den Denkmälern, an denen er täglich vorbeiläuft, fragend ins Gesicht? So lass' ich die archaische Barbiepuppe und mache mich auf einen weiten Weg, hinaus aus der Stadt, um das Haus des Malers

Theophilos zu finden, in dem ein kleines Museum ist. Natürlich geht das wieder nicht so ohne weiteres, aber schließlich ist der Weg ausfindig gemacht, und nicht nur die Tatsache, daß er ein sehr lustiges Doppelportrait Sappho–Alkaios gemalt hat, macht mich auf den lesbiotischen Naiven neugierig. Der muß ein ziemlicher Zausel gewesen sein, eine Zeitgenossin berichtet, daß sie als Kind, zum erstenmal seiner ansichtig, vor Schreck die Treppe hinuntergefallen sei. Bevor ich sein Haus in der Einsamkeit suche, habe ich Reproduktionen gesehen – ein richtiger Naiver ist er eigentlich nicht.

1873 geboren, war er ein stolzer Grieche, der die Geschichte seines Volkes immer wieder farbig und ein wenig statuarisch auf großen Tafelbildern verewigt hat. Er ist in seiner Heimat sehr bekannt. Erst 1964 hat man ihm vor den Toren der Stadt Mytilíni ein Museum eingerichtet.

Auf der ganzen Insel gibt es Postkarten mit seinen Bildern zu kaufen, Gestalten aus der griechischen Geschichte, die Soldaten mit dem berühmten Röckchen, aber auch fast photorealistische Alltagsszenen, an denen man sehr genau die Einrichtung und Kleidung der Menschen zu Beginn des Jahrhunderts ablesen kann.

Es geht auf dem Weg zum Flughafen irgendwann rechts in die Hügel hinauf, erst durch eine kleine, hübsche Neubausiedlung und dann durch eine wüste Baustelle. Die Straße kann man eigentlich nicht so nennen, und man muß, nachdem unten an der Hauptstraße ein kleines Schildchen die Begegnung mit den Theophilos-Bildern verhieß, einfach seinem Instinkt folgen. Die dafür zuständigen Götter weisen den Neugierigen – sie scheinen nicht gar zu häufig zu sein – den richtigen Weg.

Nach der Großbaustelle wird es immer ländlicher, das Gras raschelt im angenehmen Wind, Pinien geben ein bißchen Schatten, das heißt, die besten und tiefsten Schattenplätze sind von mehreren Eseln und Kühen besetzt. Tiefe Stille, und da ist ein kleines Haus, wie man sich's für den bäurischen Menschen gedacht hatte, eine Büste davor, die ihn eher heroisch zeigt, mit phrygischer Mütze, die zum Nationalstolz paßt.

Das Häuschen allerdings ist zu, dicht verrammelt, und einiges Gewächs auf den Treppchen verrät, daß hier nicht erst seit gestern geschlossen ist. Mitten in der Landschaft steht die neugierige Fremde und grollt. Kein Wasser, kein Kokakola oder Koktail, kein Zitronengarten weit und breit, ausgesetzt in der panischen Stille eines griechischen Mittags.

Ein Arbeiter auf der Baustelle weiß Bescheid – die Bilder habe man längst schon ins *Kastro* gebracht, ins Schloß. Das Teriade-Museum daneben aber sei offen.

Alle Reiseführer empfehlen den Besuch der Museen ganz dringend, schon wegen der idyllischen Umgebung. Man darf nicht darauf reinfallen – nein, aber auch nicht weggehen! Wir sind noch nicht am Ende mit den Heimatmuseen, eine ganz andere Art Heimat versteckt sich hier noch, die verläßlichste, die es gibt: die Bücher nämlich.

1897 wurde in Mytilíni Stratis Eleftheriadis geboren. Er verließ als junger Mann die Insel, um in Paris Jura zu studieren, aber in Paris muß man eigentlich malen – zumal in jener Zeit –, und das tat er. Weil er sich aber mit all denen befreundete, die damals arm, schöpferisch und verrückt in Paris lebten und heute in das Wort »klassische Moderne« eingesargt sind, merkte er schnell, daß er zwar von Bildern eine Menge verstand, sie aber nicht unbedingt selber malen sollte. So wurde er ein berühmter Kunstkritiker und nannte sich Teriade. Er war es, der bei einem seiner Besuche auf der Heimatinsel Theophilos entdeckte, und er hatte das kleine Museum gefördert. Teriade gründete dann 1937 einen Verlag, VERVE, und er schuf zusammen mit seinen Freunden jene großen, legendären Künstlerbücher, die man hier in der Wildnis, im Teriade-Museum, anschauen kann, in einem wunderschönen, streng-weißen Bau, den er seiner Heimatstadt gestiftet hat. Es ist ein wahrhaft gut verborgenes Juwel, dieses Museum, das auch ein »Museum des offenen Buches« genannt wird. Ganz allein wandere ich durch die Säle, die viel weitläufiger sind, als das Haus von draußen verrät, und voll Entzücken entdecke ich Bücher von Chagall, Rouault, Matisse, Dufy, Léger, Le Corbusier, Miró und vielen anderen. Ein Gedicht aus dem Circus-Zyklus von Chagall klingt, als ob man es Sappho zuriefe:

»Ich weine jede Stunde / daß ich erst gestern geboren wurde / viel zu spät / um auf den Berggipfeln zu wohnen / Mein Gebet auf den Lippen / Und wenn ein Mann sich nähert / beginnen die Blätter über meinem Leib zu zittern / Herbst und Winter / dringen in mich ein, und ich falle / Engel ohne Flügel.«

Ach, sie ist lang dahin, die poetische Unschuld, mit der

Sappho die Blätter und Zweige im Apfelgarten hat zittern lassen. Zu spät geboren! Aber schön ist es doch.

Und damit einem nicht allzu elegisch zumute wird, kann man sich Sätze und Bilder von den Wänden pflükken, zum Beispiel eine Bildunterschrift bei Léger, die wie folgt lautet: »Ich hab' dich nicht gefragt, ob deine Großmutter Fahrrad fährt.« Oder, sehr beherzigenswert: »Ferien verbringen... was ist das? Sie sind zweihundert Kilometer gefahren und haben eine andere Hose angezogen, das ist alles.« Oder, auf einem Matisseblatt, mein Lieblingssatz: »Vögel sind immer ganz wundervoll angezogen, Fortschritt ist ein völlig sinnentleertes Wort, und eine Kuh, die die ganze Welt ernährt, wird immer drei Kilometer in der Stunde machen.«

Auch schlichte ökologische Wahrheiten der frühen Zeit werden mit herrlichen Bildern schmackhaft gemacht: »Eine Eiche, die man in zwanzig Sekunden fällen kann, braucht hundert Jahre, um zu wachsen.«

Giacometti und Laurens und Juan Gris, der Himmel hängt voller Liebespaare in den vielen Chagall-Räumen, und Picassos erotische Lithographien sind besonders sehenswert.

Man darf wirklich den Weg hierher nicht scheuen und soll genug Zeit mitbringen. Ein ganzer Raum ist Teriades Faksimilekunst gewidmet, er war der erste, der ein Druckverfahren gefunden hat, das es erlaubte, die mittelalterlichen Stundenbücher nachzudrucken. Wie Juwelen liegen die Drucke aus den vierziger Jahren auf dunklem Untergrund und sind tatsächlich von den Originalen kaum zu unterscheiden.

Eine Besonderheit scheint mir, daß er im Jahre 1943, also im besetzten Paris, die judaistischen Schriften des Flavius Josephus gedruckt hat.

Im oberen Stockwerk kann man ihn selbst auf vielen Photos mit vielen heute berühmten Leuten sehen. Kurz vor dem Verdursten mache ich mich auf den Heimweg, das merkt man aber kaum, wenn man so viele schöne Buchseiten gesehen hat.

Seht, mag sich Teriade, der 1983 gestorben ist, gesagt haben, seht, Landsleute, was ich geschaffen habe. Und wenn mein schönes Haus so allein steht – nicht schlimm. Hauptsache, es ist da.

Die Kühe und Esel gehen im Schatten etwas beiseite, und ein Arbeiter schenkt mir eine Dose Wasser und eine Zigarette.

Belagerungen

Die Insel hat sich vielen Fremden unterwerfen müssen, den Persern, dem Epikureer Pachis aus Athen, den Spartanern. Im vierten Jahrhundert v. Chr. wechseln die Machtverhältnisse andauernd, und die Insel wird zwischen Sparta und Athen hin- und hergezerrt wie ein Knochen zwischen zwei Hunden. Sie war schon damals eine fette Beute wegen ihrer schönen Städte und ihrer Fruchtbarkeit.

Im Jahrhundert vor der Geburt Christi gerät Lesbos für längere Zeit unter römische Herrschaft. Die Römer pflegten angenehmerweise überall dort, wo sie hinkamen, bemerkenswerte Bauwerke zu hinterlassen, so auch auf Lesbos. Das Forum von Mytilíni ist ihnen zu verdanken, viele Häuser, die Renovierung des in hellenistischer Zeit gebauten großen Theaters und eine Menge schöner Mosaiken. Sie waren auch in anderer Hinsicht förderliche Kolonisatoren, weil sie den römischen Lebensstandard in die wildesten Gegenden zu bringen vermochten. Dafür gibt es auf Lesbos ein schönes Beispiel: die Reste des Aquädukts. Es wird nicht erstaunen, daß auch dieses sehenswerte Bauwerk äußerst schwierig zu erreichen ist. Auf nadelöhrigen Straßen geht es durch das kleine Dorf Mória, kein Fremdendorf, die Straße wird von Wein- und Pfirsichgärten gesäumt, auf den Brachwiesen sind Ziegen und Schafe angepflockt. Ein biblisch aussehender Großvater zockelt auf seinem Esel vor dem Auto her, im Damensitz. Der Fahrer fragt ihn was – wahrscheinlich, wo man die römischen Trümmer finden kann –, und der Alte will sich kaputtlachen. Vielleicht hätte man fragen sollen, wie alt der Esel ist oder wie viele Bäume er besitzt – aber die Neugier hätte er einem nicht geglaubt, denn es ist so eingerichtet, daß der Fremde nur erträglich erscheint, weil er dumm ist und nichts versteht. So hat man sich nicht nur hier und nicht nur früher über alle Arten von Besatzungen hinweggerettet. Die Straße, die der Alte uns zeigt, ist so schmal, daß sich die schwarzen Frauen rechts und links an die Hauswände quetschen müssen, es geht um Haarnadelkurven und über Schotter, andauernd steigt der Fahrer aus und untersucht kummervoll die tadellos blinkenden Radkappen. Er klopft sanft drauf, dann zieht er ein Federwischlein aus dem Auto und pinselt den Staub von seinem geschundenen Blechpferd.

Fremde sind dumm. Sie halten grundsätzlich das Falsche für wichtig. Am Aquädukt angekommen, bietet sich der wunderbare Anblick, den man schon kennt von all den Orten, an denen die Römer den Segen des Wassers und des Wassertransports der Bevölkerung beigebracht haben, in Südfrankreich und Italien, Germanien und Griechenland – überall begegnet man den kühnen, zwei- oder dreistöckigen Konstruktionen mit den Bögen und Pfeilern, und man muß sie immer wieder bewundern.

Diesem Stück hier – es ist wirklich nur noch das Zitat eines Aquädukts, aber wieder wird die Schönheit des Ganzen im Detail sichtbar – ist es offenbar nicht gut ergangen, am Mittelteil steht ein ziemlich neues Gerüst.

Die einzige kunsthistorische Erläuterung, die ich finden kann, steht auf einem Schild: »DANGER FROM FALLING STONES« steht drauf. Der Fahrer schaut hoch und zieht sich wortlos weit vom Gebäude zurück – englisch kann er zwar nicht, aber sehen. Die Steine hängen wie Christbaumkugeln über unseren Köpfen, Vertrauen flößt einzig der wildblühende Oleander ein, der scheinbar alles zusammenhält.

Ich muß photographieren, um zu tun, was von mir erwartet wird. Die Schwalben schießen unter den hängenden Steinen hin und her, sie schlüpfen in winzige Fugen, die ganze alte Wasserleitung ist eine Schwalbenkolonie, und es ist Brutzeit. Der Fahrer Nikos lächelt. Er habe vier Kinder, sagte mir jemand, und ich verstehe seine Geduld mit den Marotten der Fremden.

Womit kann man auf der Insel überhaupt Geld verdienen? Die Bevölkerungszahl, vor zwanzig Jahren bei neunzigtausend, nähert sich jetzt eher den achtzigtausend. Es gibt Landwirtschaft, hauptsächlich natürlich Oliven, elf Millionen Olivenbäume leben auf der Insel. Trauben und Feigen, Orangen, Zitronen und Pfirsiche wachsen im grünen Ostteil der Insel, kleine, der Dürre abgetrotzte Weingärten und Obsthaine habe ich auch in den unzugänglichen Tälern des Westteils gesehen. Dort ist das Leben, wie die Fremden gern sagen, stehengeblieben. Das ist natürlich Unsinn, Sentimentalität; neben den alten Quellbecken an den Bergstraßen, wo die Reisenden seit Hunderten von Jahren ihren Durst löschen, sind kleine Tankstellen entstanden, und die Männer, die mit ruhevollen Gesichtern seit Urzeiten im Café zu sitzen scheinen, ziehen von Zeit zu Zeit Handys aus ihren Taschen.

Das stört das Bild gewaltig, die plärrenden Fernseher allerdings, die man aus anderen südlichen Kneipen kennt und die immer unter der Decke angebracht sind, damit man sie nicht aus dem Fenster schmeißen kann, haben sich hier noch nicht durchgesetzt. Dafür spielt das Radio den ganzen Tag griechische Liebeslieder, und Melina Mercouri ist auf einer Briefmarke verewigt. Manchmal fährt ein Bus durch die winkligen Sträßlein mit den bunten oder grauen Häusern, die Orte heißen Agra und Mesotópos und gleichen den kleinasiatischen Städtchen viel mehr als denen, die auf Griechenland-Kalendern abgebildet sind.

Aus den Bussen steigen Leute aus und photographieren die Kirche, und wenn ein Esel vorbeikommt, schreien die Frauen vor Entzücken und photographieren den Esel. Die einen brauchen die anderen, und so ist es gut.

Die Touristen bilden eine der wichtigsten Einnahmequellen, und die freundliche Belagerung durch die Fremden beschränkt sich auf das Meeresufer und ein halbes Jahr. Auch die kleinen Industrien, Keramik und Textilien, leben von ihnen und ihrer Sehnsucht nach authentischen Zeugnissen, gleichsam den Beweisen für das gelassene, farbige Inselleben. Krüge und kleine Teppiche, ein bißchen Schmuck, der bestimmt importiert ist. Eine Ölmühle, eine Käsefabrik. Ein wenig Fisch. Hier wirst du geboren und träumst von draußen, dann mußt du nach draußen gehen und alles wahrmachen, und dann fängst du an von der Insel zu träumen und gehst zurück. So einfach ist das, sagt der längst zurückgekehrte Manolis. Keine Sorge, wir haben die Dichterin nicht aus den Augen verloren. Immerhin war sie, was Belagerung fürsorglicher und anderer Art betrifft, nicht ganz unerfahren. Aus ihren Gedichten geht hervor, daß ihr das Reisen vertraut war, ein schönes und etwas bitteres Lied hat sie einem ihrer Brüder gewidmet, der als Kaufmann oft in der Ferne war. Aus dem Gedicht erfahren wir Alltag und einen privaten Kummer, den man ohne große Veränderungen auf die Jetztzeit übertragen kann.

Kypris und ihr Nereiden, bringt mir
Den Bruder her. Ich bitte euch, gebt ihn zurück
Und was sein Herz sich wünscht, das geschehe
Erfüllt ihm alles!

Was er früher falsch gemacht hat, wird er lösen
Froh sollen seine Freunde ihm vertrauen
Feind wird er nur den Feinden sein
Niemals mehr uns

Seine Schwester soll er befreien
Von schweren Sorgen. Das sei sein Wille
Sein Leid ihr gebracht
Rot würde er werden
Wenn die Bürger reden
Er wäre wieder

Du, Kypris
Halte ihm fern

Von ihren drei Brüdern schien sie jenen Larichos am liebsten zu haben, der das angesehene Amt des Mundschenks bei den Ratsversammlungen in Mytilene innehatte. Von dem zweiten, Erigyios wissen wir nur den Namen, und der dritte war eben jener Charaxos, der ihr die Sorgen machte, die sie so liebevoll und fürsorglich besang. Charaxos unternahm Kauffahrten nach Ägypten in eine dortige griechische Enklave, und er brachte, heißt es, sein Geld mit einer berühmten Hetäre durch, die in manchen Quellen Doricha, in anderen Rhodopis genannt wird. Ein anderes Lied der Sappho wird deutlicher:

Kypris, zeig dich als strafende Göttin!
Sie soll nicht damit prahlen, diese berühmte
Doricha, er sei ihr zum zweitenmal
In Leidenschaft verfallen

Ganz tugendhaft dichtet die besorgte Schwester, und daran kann man leicht erkennen, daß ihre eigene Lebensweise für sie kein Versteckspiel, keine Tarnung brauchte.

Liebe für Geld verachtete sie, auch das »Was werden die Leute sagen?« scheint die Rolle zu spielen, die wir bis vor kurzem noch gut kannten. Seit man die merkwürdigsten Gewohnheiten aller Art samt ihren betrüblichen Folgen freimütig im Fernsehen zu erzählen pflegt, gibt es dieses bürgerliche Verdikt wohl nicht mehr. Wie lang es gehalten hat, sehen wir an Sapphos Lied!

Was aus der Liebesbelagerung des leichtfertigen Seefahrers geworden ist, wissen wir nicht und ebensowenig, ob die Göttin ihrer von Sappho so oft geforderten Funktion als schnelle Liebeseingreiftruppe gerecht geworden ist.

In der Römerzeit schon hatte man die Insel als Verbannungsort für mißliebige Personen genutzt, es gibt aber keinen Grund, sich eine solche Verbannung allzu grausam vorzustellen. Verbannungsort bleibt sie auch während der byzantinischen Zeit, das Leben auf der Insel wird rauher, immer wieder wird sie überfallen und verwüstet. Eine Erholung bedeutet nach den Verbrechen der Slawen und Sarazenen, der Russen und Venezianer die Herrschaft des Francesco Gatteluso im vierzehnten Jahrhundert, der Lesbos als Mitgift seiner Frau erhält und sich viele Jahre für die Insel und den Aufbau des Handels, für Architektur und Kultur einsetzt.

Die ruhige Zeit des Aufblühens wird 1401 durch ein Erdbeben beendet, und es folgt eine bis in unsere Tage hinein traumatisierende Zeit, die der Türkenherrschaft. Es ist bis heute nicht möglich, die vielfädig gewobene Feindschaft aufzutrennen, immer wieder spürt man sie, manchmal an Kleinigkeiten, bisweilen sehr deutlich, aber auch mit jener schwarzen Komik, die aus langjährigen Feindschaften oft für Außenstehende entsteht.

In der Nähe von Pterounta, mitten in der kahlen, schönen Wildnis, sehe ich ein kleines Gebäude, es dauert ein bißchen, bis ich erkenne, was es ist. Ganz eindeutig eine Moschee, und ich frage meinen Begleiter, ob es Muslime auf der Insel gibt.

Nicht einen einzigen, sagt er stolz.

Woher er das denn so genau wisse?

Da könne ich ganz sicher sein, antwortet er. Kein einziger. Die brauche man hier nicht.

Aber das kleine Gebäude da, das sei doch eine Moschee? Ich erkenne doch das Minarettchen, das da dünn wie ein Bleistift in den Himmel sticht?

Hat man vielleicht vergessen, sagt er.

In den griechischen Geschichtsbüchern ist die Rolle der Kirche während der Türkenherrschaft liebevoll und ehrfürchtig ausgeschmückt. Welch einen Kampf hat diese Kirche führen müssen, nach allen Richtungen gleichzeitig! Zuerst hat sie sich an alle heiligen Stätten gesetzt, die mit den alten Göttern in Verbindung gebracht werden konnten und die deren Magie ausstrahlten. Überall, wir haben es ja in Eressós und anderswo gesehen, wurden Kirchen, Kapellen und Klöster gebaut und unterhalten, um die Saat des Heidnischen und dessen mächtige alte Wurzeln unter Kontrolle zu halten. Und dann kamen die Ungläubigen, die aber selbst alle anderen ungläubig schalten, und versuchten ihrerseits, Wurzeln auszureißen. Die Bewahrung von Sprache und Kunst, Erinnerung und Identität sei eine Leistung der Klöster und Kirchen, heißt es. Sie seien »lichte Oasen in jener dunklen Zeit der Barbarei und Unwissenheit«, steht in einem archäologischen Führer über Lesbos.

Es ist wie immer: Eine nicht enden wollende Reihe von Kämpfen und Unterwerfungen, Aufständen und Niederschlagungen, manchmal unterbrochen von einer jener Naturkatastrophen, die immer von neuem die Frage nahelegen, warum die Menschen versuchen, noch härter und unerbittlicher zueinander zu sein, als es Lava und Steinschlag sind. Müßig. Ein einziger Satz steht in jenem schon erwähnten archäologischen Führer, der für die Geschichte der Belagerungen einen vorläufigen Schlußpunkt setzt. Der Satz lautet: »Im 2. Weltkrieg kamen die Deutschen am 4. Mai 1941 auf die Insel Lesbos und verließen diese am 10. September 1944.« So steht er da, nichts davor und nichts dahinter, und er sticht merkwürdig und unheimlich ab von der düsteren Pracht, mit der die alten Kämpfe beschrieben sind. Ich frage vorsichtig herum. Die »Rote Insel«, die wegen ihrer fast durchgehend kommunistischen Regionalverwaltung so genannt wird, schweigt. Ein paar Kriegerdenkmäler finde ich, ein paar trockene Kränze, aber keine Geschichten. Als mir einer sagen läßt, immerhin hätten die Deutschen nichts geklaut im Gegensatz zu den Türken, höre ich auf zu fragen.

Seltsamerweise scheint die Juntazeit genauso weit weg und im selben Schweigen sicher verpackt. Ja, das sei schlimm gewesen, aber was sollte man machen? Einige Inselpolitiker waren in die Kerker der Faschisten geraten, das kann man sich ja denken, bei der Tradition. Aber: alles lang her.

Warum interessieren Sie sich für die häßlichen alten Geschichten? Da fragen Sie doch lieber nach den ganz alten Geschichten, diesen merkwürdigen, bei denen man nicht so genau weiß! Mehr aus Zufall entdecke ich eine ganz neue Art der Belagerung, eine sehr leise, fast unmerkliche, ja, um ein Haar hätte ich sie ganz übersehen.

Die erste Spur besteht aus einem halbnackten, sehr dünnen Mann, der reglos auf Manolis' kleinem Dachterrässchen sitzt und die Augen zukneift, obwohl er, wenn er sie öffnete, aufs schönste aller Meere und hinüber nach Troja schauen könnte.

Die kommen jedes Jahr, sagt Manolis, als spräche er von einer sehr uninteressanten Vogelart, nicht nützlich, nicht schädlich.

Wir gehen in den Olivenhain, schauen auch das Haus und die Studios an, es riecht nach seltsamen Gewürzen. Das riecht immer so, wenn die hier sind, sagt Manolis und grüßt freundlich.

Er ist der Patron, das heißt, er muß Verständnis für alle menschlichen Seltsamkeiten haben oder wenigstens so tun. Wir sind in Eftalou, hoch oben über dem Meer, unten am steinigen Strand steht ein zeltartiges Gebilde, einige Gestalten sind zu sehen, die sich gemessenen Schrittes bewegen und nicht erkennen lassen, welches Ziel sie anstreben. Sie wandeln, könnte man sagen, und vielleicht ist ja da in der Stille und Abgeschiedenheit eine späte Variante von Sapphos Schule entstanden!

Yoga, das heißt Yoga! sagt Manolis stolz, der an diese Gruppe schon seit Jahren vermietet und mir nun den Zweck ihres Inselaufenthalts mit Nachsicht und völliger Verständnislosigkeit verkündet.

Jedes Jahr machen sie das, manchmal monatelang! Er hütet sich sorgfältig vor irgendwelchen Beurteilungen des langsamen Treibens, ja, ein Treiben ist eigentlich gar nicht zu erkennen, und der magere Mann, der nicht aufs Meer schaut, sitzt nach eineinhalb Stunden immer noch da und schaut nicht aufs Meer.

In esoterischen Kreisen ist die Insel schon seit langem

beliebt. An einer der schönsten und schroffsten Stellen bei Eftalou steht neben heißen Quellen ein altes Kloster, das von Sinnsuchern aus aller Welt bewohnt wird.

Nicht nur hier, höre ich, versenkt man sich ins eigene Innere, selbst an einem biederen Badeörtchen wie Eressós wird ganz selbstverständlich, wie Tomaten, Pfirsiche oder Brot, auf Schildern Yoga, Tantra und der ganze Innerlichkeitssupermarkt angeboten. Immer noch möchte ich glauben, daß der archaische Atem an dieser Anziehungskraft schuld ist, aber ich weiß, das ist eine Illusion. Im Grunde genommen geht es bei den Meditations- und Selbsterfahrungsgruppen (man hört dieses Wort tatsächlich noch) um etwas völlig den alten Kreisen Entgegengesetztes: Im Hier und Jetzt trachten die Menschen, die sich hier treffen, ihrem Ich auf die Schliche zu kommen und in dieses möglichst tief hineinzugeraten. Alles dient diesem Ich – die Weltreligionen, aus denen man sich eklektizistisch bedient, das Meer, die Felsen, die Luft, die Sonnenuntergänge und die heißen Quellen – alles hat eine unbekannte Macht mit verschiedenen Namen für das Ich aufgeboten, auf daß man es finde und in jenes Zentrum des Universums setze, das ihm gebührt.

Manolis beachtet den meditierenden Mann so wenig wie einen weggeworfenen Autoreifen. Als Gäste sind sie wegen ihrer Verläßlichkeit gern gesehen.

Ist bei denen Aufräumen verboten? fragt Manolis.

In Sapphos Schule hätten sie den Kopf geschüttelt, nehme ich an, weil es ganz undenkbar war, keinem Höheren, sondern dem schlichten Ich die ritualisierte Aufmerksamkeit zuzuwenden. Es war nicht ohne den Dienst an Göttinnen und Göttern möglich, einen Platz auf der Erde zu finden, der einem das Schöne gleichzeitig abfordert und gibt.

»Euch« (gemeint sind Zeus und Hera) »zu Ehren, zum Fest, tanzen die Mädchen im Hain« – Euch zu Ehren – darum geht es. Die Schönheit, durchaus auch die Eitelkeit, die Putzsucht und der Stolz auf ein gelungenes Lied hatten immer Adressaten, größere, eben unsterbliche.

Die Seele, das weiß man längst, ist Teil einer Industrie geworden, Trost und Trostlosigkeit zwei Seiten einer Münze. Also doch Belagerung, sanfte zwar: Ich weiß gar nicht, was dich stört, sagt der friedliche Patron, der sich bemüht, über die Klamottenhaufen und die weit verstreuten Taschen, Zettel, Cassetten und angebissenen Äpfel hinwegzuschauen. Sie tun keinem was zuleide. Sie machen keinen Lärm und bleiben fast immer am selben Fleck, sie klauen nicht, und man kriegt mit ihnen keinen Krach. Es ist gut so.

Ja, es ist sicher gut so, jeder nach seiner Façon, und der Ort, den ich mir immer wieder betrachte, ist in seiner Kargheit so magisch, daß man vielleicht nicht nur in sich rein, sondern auch aus sich raus gerät, wenn man lang genug wartet.

Die heißen Quellen tun sicher ein übriges, wie ein Hefebrot mit Dampflöchern drin sieht das Quellenhaus aus, in dem ein einfaches Becken steht, ganz auf das Wesentliche reduziert, ohne Kachelkomfort, urzeitlich – ein Steinbecken, ein Lehmbau drüber, das Wasser salzig.

Rheuma, sagt der Patron genauso stolz, wie er zuvor Yoga gesagt hat. Es wird hoffentlich bei diesen Belagerungen bleiben, von denen nur die Pessimisten behaupten, daß unter ihren lautlosen Schritten genausoviel Echtheit verlorengeht wie unter den lauten Stiefeln der Eroberer. Das wollen wir nicht glauben. Und eins weiß man hier schon lang: Man muß das Meeresufer manchmal aufgeben und sich in die Berge zurückziehen – nur Geduld. Zum Schluß bekommt man alles zurück, und die Eroberer gehen wieder an ihre Schreibtische und in ihre Seminare.

Die Spatzen der Aphrodite

Das Bild vom Wagen der Göttin, den Wolken von flatternden Spatzen durch die Luft über die dunkle Erde tragen, kommt einem auf der Insel nicht selten in den Sinn. Die göttlichen Vögel haben, wie es scheint, eine große Nachfahrenschaft, und es handelt sich bei ihnen nicht um jene Stadtspatzen, die wir kennen und die für Unscheinbarkeit und Frechheit stehen, sondern um eine ganz eigene Art, die man sich in einem himmlischen Gespann gut vorstellen kann. Sie sind pfeilförmig, schmal und bunt, und mit den krümelschweren Touristenpiepmätzen, die in Greifnähe von Fremden herumhopsen, haben sie nichts zu tun. Diese Inselvögel sind streitbar und ganz unbestechlich.

Ich lege Kuchen auf ein Mäuerchen, den sie mit begreiflichem Mißtrauen betrachten. Einer hüpft auf seinen Drahtbeinchen ganz nah an den giftiggelben Krümel und wendet ihm erst ein linkes, dann ein rechtes blankes Auge zu. Dann fliegt er weg, bei den Göttern, und kommt wenig später mit einem Fädchen im Schnabel wieder zurück. Das legt er auf die Mauer, bevor er das Kuchenstückchen nimmt und sich anmutig den steilen Hang hinunterschwingt.

Es ist dies überhaupt eine Insel der Vögel, kleine, schöne Tauben mit hellbeigem Gefieder und dunklen Halsbändern, und Schwalben, Schwalben wohin man schaut. Nicht nur das alte Aquädukt haben sie sich zu eigen gemacht, sondern auch das Strandrestaurant und die eng an den Berg geschachtelten Häuser von Molyvos.

Man muß von hier aus in die Berge gehen auf der Suche nach der Dichterin, sich nicht über die Schachteln mit alter Pizza ärgern, die auf dem Weg liegen, irgendein Tier wird sich ihrer schon annehmen. Auch die vielen Zäune darf man nicht beachten, die einen immer wieder zu Umwegen zwingen. Die Hügel stehen schön und baumgefleckt in der Sonne, und man hört das Spatzengezwitscher in den Feldern von wildem Hafer, der seine Körner aus den gelben Halmen rieseln läßt.

Der unheimliche Pan kommt bei Sappho nicht vor, mit ihm läßt man sich besser nicht ein, obwohl er sehr gegenwärtig ist und von Zementmischmaschinen und Motorrädern nicht vertrieben wird. Die Motorräder haben eine ganz wichtige Funktion auf der Insel, sie verhindern, daß man zu romantisch glotzt, und sie bringen einer Menge Menschen die verlorene Jugend zurück. Oft allerdings nur für kurze Zeit – man kann überall kleine Motorräder mieten, und den verwegenen Kunden sieht man an, daß sie wahrscheinlich jahrzehntelang ein solches Gefährt nicht mehr bestiegen haben – wenn überhaupt je. So raffen sie ihre Bermudas, Helmpflicht gibt's natürlich auch nicht, aber die medizinische Versorgung sei gut, versichern die Motorradverleiher. Dennoch läßt einem die Fahrweise der Damen und Herren auf den Bergstraßen gelegentlich den Atem stocken.

Zwei, drei Querfeldeinwege weiter, im Schatten der Pinien und im Geruch nach Harz, Schafsmist und wildem Dill, kommen die vertriebenen Gedanken wieder zurück. Aphrodites Spatzen – Sapphos Mädchen. Es gibt da eine Verbindung, denn man soll sich von der akuten, heftigen Verzweiflung der Liebesgedichte und -gesänge nicht irremachen lassen: Die meiste Zeit ist Sappho nicht ihren Gefühlen ausgeliefert, sondern deren Herrscherin, und das Ausgeliefertsein besingt sie auch nur, wenn sie es in der Form bewältigt hat. Wie beim guten Chanson spielt sie mit den Spiegelbildern, die das scheinbar einsame Klagen des Dichters den Menschen vorhält. Das einzigartige Gefühl, die einzigartige Formulierung muß das Publikum – oder die Lernenden – haben, um sich seiner innezuwerden.

Der uralte Seufzer »So geht es mir auch! Wenn ich es nur so sagen könnte!« begleitet die Dichtung wahrscheinlich, seit es sie gibt. Und man muß immer wieder die Musik dazudenken, die sich auch noch ins letzte Seelenkämmerchen einschleicht. Zweieinhalbtausend Jahre später hat ein Dichter, der von der Liebe eine Menge verstand, diese Verfassung mit der Zeile »Ja, da muß man sich doch einfach hinlegen« so kaltschnäuzig wie treffend umschrieben.

Die ausgelieferte Lehrerin gab es also bestimmt nicht, die zickige, manchmal unerträgliche ganz sicher.

Warum soll ihr die Qual des trotz aller Gesellschaft, aller Zuwendung spürbaren Alleinseins erspart geblieben sein? Wir hören es doch aus dem Pleiadengedicht ganz deutlich, eine Strophe, von der ich sicher bin, daß sie einem Mann gilt. Warum? Ich weiß es nicht. Vielleicht weil sie einfach wartet und nicht fordert oder klagt. Vor mir liegt eine verblüffende Zeitungsannonce, in der für eine

Dichterschule in Wien mit den Worten geworben wird, sie sei »der Versuch, erstmals seit 2500 Jahren, seit der Schule der Sappho auf der griechischen Insel Lesbos, in Europa einen Ort zu schaffen, an dem Dichterinnen und Dichter sich selbst ihre Lehr- und Lernverhältnisse organisieren«. Die Schule für Dichtung in Wien sei, heißt es weiter, ein »Laboratorium für Inspiration«, es soll Dichtung gelehrt werden, die als »Ergebnis sowohl individueller wie auch kommunaler Schöpfungsakte kommunizierbar sind«. – Das wird sicher eine schöne und interessante Schule sein, und es wäre spannend zu wissen, wie ein kommunaler Schöpfungsakt geht. Mit Sapphos Kreis hat das aber, glaube ich, überhaupt nichts zu tun, vielleicht wird hier geradezu das Gegenteil beschrieben. Ganz sicher war es nicht ihr Ziel, eine Art archaisch-antiautoritärer Schule zu betreiben, und auch die Koedukation war undenkbar.

Die Lernziele für die Mädchen und die jungen Männer waren unterschiedlich, auch wenn beide eine geistige und kulturelle Schulung und ein religiöses Programm durchliefen, an dessen Ende nicht nur der Dienst an den Göttern, sondern auch die Vereinigung, die Hochzeit stand.

Sappho lobt und tadelt in ihren Liedern, spontan, manchmal ungeduldig, wir haben das in manchen Fragmenten schon gesehen. Sie, die souverän mit ihrem Talent und ihrem Ruhm umgeht, weiß, daß die einzige Art, beides zu erhalten, ab einem bestimmten Alter heißen muß, beides weiterzugeben. Nicht anders als die großen Sängerinnen unserer Zeit, die als Professorinnen versuchen, ihr Wissen weiterzureichen – und doch anders: Dichten wird heute kaum gelehrt, denn die Herkunft des Wortes »Poesie« – poiein = machen – ist in den Hintergrund geraten. Über Inspiration sprach man zu Sapphos Zeiten und auch noch später nicht. Das war die Sache der Götter und bedurfte keiner Erläuterung. Aber das Handwerk, die Metrik, die Melodie und die Metaphern – darüber konnte man reden und rechten und mußte lernen, ein Leben lang. Wir wissen von keiner Nachfolgerin, schon gar nicht einer ebenbürtigen, die aus Sapphos Schule hervorgegangen wäre – vielleicht ist aber auch das eine falsche und allzu zweckgerichtete Überlegung.

Berühmtheit muß nicht Berühmtheit erzeugen, sondern etwas von der Freude am Leben erhalten, die das Genie zu geben fähig war. Eine genaue Vorstellung, wie lang die Mädchen in ihrer Obhut gewesen sind, haben wir nicht, von der Geschlechtsreife bis zur Hochzeit, drei oder vier Jahre vielleicht. Zu jemandem gehen oder von jemandem weggehen war ja keine Angelegenheit, die man spontan entscheiden konnte, von einem Tag auf den anderen, Reisen mußten lang vorbereitet werden, und während man sich auf dem Weg von einem Ort zum andern befand, konnte, durch Tod oder Krankheit von Angehörigen, das Leben drastisch verändert werden, ohne daß die, die unterwegs waren, davon erfuhren. Rückkehr muß auch immer Rückkehr in ein Unbekanntes gewesen sein, und Homer war der erste und für alle Zeit größte, der das Reisen als gewaltige Metapher vor uns ausgebreitet hat. Sapphos Mädchen kamen auch von der anderen Seite des Meeres, aber selbst wenn sie von der

Insel kamen, hatten sie weite und schwierige Wege hinter sich.

Oft denkt sie von Sardeis herüber
Denkt, wie wir zusammen lebten
Gottähnlich bist du ihr vorgekommen
Über dein Lied hat sie sich am meisten gefreut
Arignota
Jetzt tut sie sich unter Lydiens Frauen hervor
Wie nach Sonnenuntergang
Die Rosenfinger des Mondes
Der aller Sterne Leuchten überstrahlt
Und breitet über die salzige See wie
über Blumenwiesen weit sein Licht
Der Tau ist gefallen, die Rosen blühen, Kerbel
Und Blüten, die nach Honig duften
Oft geht sie hin und her, ohne Ruhe
Erinnert sich voller Sehnsucht an Atthis
Kalt wird ihr das zärtliche Herz …
Komm zu mir! gellt ihr Schrei, doch nur
Das Meer hört zu mit tausend Ohren

Das Lied ist sehr zerstört: Das Meer wird noch besungen, das die sehnsüchtigen Rufe gleichmütig übertönt, und auch die treuen Liebesverbündeten Aphrodite samt Tochter Peitho werden als Mundschenkinnen aufgeboten in diesem Gesang über die Ferne.

Sehr selbstbewußt weiß die Dichterin, was die entfernte Geliebte denkt, diese Anmaßung ist ein Recht des Künstlers und das Klettern in fremde Köpfe eine der wichtigsten Fähigkeiten. Sicher, es gab Botschaften,

Nachrichten haben lange, gefährliche und offenbar zielsichere Wege zurückgelegt. Vielleicht lag das Wissen aber eher am ruhigen Vertrauen, das einem der Gedanke an die Vorbestimmung durch die Götter einflößte. Ich glaube, es ist falsch, wenn man im Zusammenhang mit der Dichterin Sappho irgendeinen erotischen Separatismus, eine Ausschließlichkeit der Hinwendung zu den Mädchen annimmt. Die sind nur ein von vornherein als endlich begriffener Teil ihres Lebens, ein Stückchen wiedergewonnener Jugend mit den Jungen. Eine Möglichkeit, in anderen – sicher nicht in allzu vielen, denn sie wird sehr wählerisch gewesen sein – weiterzuleben.

In die Traurigkeit über den Abschied mischt sich nie Zorn über den Mann als Dieb, sondern Stolz, Einverständnis und jenes Quentchen Ironie, das in vielen ihrer Lieder spürbar wird. Ich glaube auch nicht, daß sich damals irgend jemand moralische Gedanken in unserem Sinn gemacht hat, und daß allem Anschein nach die Mädchen nicht gerade in viktorianischer Ahnungslosigkeit in die Ehe gegangen sind, kann man als Beweis für Kultiviertheit besser nehmen als für den der moralischen Verderbtheit. Natürlich hat immer mal wieder ein Schrecken ihr Herz erfaßt, der heilige Schrecken, das »Verweile doch, du bist so schön« – aber das gehört zum Wesen der Liebe, die Zeit an- und einen, den einzigen Menschen festhalten zu wollen.

Du sollst wissen, Bräutigam: Keine ist wie sie!
Womit soll ich dich vergleichen, Bräutigam, schöner?
Am ehesten mit einer biegsamen Gerte will ich dich vergleichen!

Da sind wieder die farbigen Splitter der Lieder, aus denen man so viel lesen kann, wie klein sie auch sein mögen. Auch von einem Bräutigam »größer als Ares«, der Kriegsgott, ist die Rede, und nicht das kleinste Wort läßt Abwehr oder Gram über den Weg der Mädchen und die Endlichkeit dieser Art Liebe erkennen.

Liebe war unschuldig, auch Begehren. Wenn beides den Menschen überfällt, ist er wehrlos, es bleibt nur Unterwerfung unter das Götterspiel. Jugend und Schönheit waren noch keine konvertierbare Währung, was in der Antike, wenige hundert Jahre später, durchaus schon bekannt war. Zu Sapphos Zeit scheint beides ohne Güte und Anmut und vor allem ohne Wissen nicht besonders viel wert gewesen zu sein, wie hoch die körperliche Makellosigkeit auch im Kurs stand.

Der Schöne ist schön nur, so weit man sieht
Aber der Gute wird bald gleichzeitig schön sein.

Aus manchen Fragmenten lassen sich Liebesgeschichten mit Männern lesen, ansatz- und bruchstückhaft. Wenn man sich in die Situation einer Frau mit Autorität, einer Lehrerin versetzt, wird einem nicht gar so erstaunlich vorkommen, daß sie ihre Lieben diskret gelebt hat, das ist vielleicht damals gar nicht so anders gewesen als heute – oder ist das alles Spekulation?

Natürlich steht uns nur ein Bruchteil ihres Werks zur Verfügung, aus dem wir versuchen können, uns ein Bild zu machen. Aber in diesen Bruchstücken sind es immer wieder die gleichen Elemente, die auftauchen – Mond und Sonne, die Göttinnen, immer wieder die Pflanzenwelt der Insel, die Ferne, die Sehnsucht, die Eifersucht – später, das werden wir noch sehen, Alter und Tod. Nur wenige Texte lassen den Schluß zu – dennoch denke ich, daß sie in der Männerwelt genauso leidenschaftliche Beziehungen hatte wie in ihrer eigenen.

Sie war ein Star, sie suchte sich einen Nimbus zu erhalten. Die Erkenntnis der eigenen Besonderheit kann damals nicht mit der uns bekannten Art der Eitelkeiten einhergegangen sein: Auch dieses Geschenk kam von den Göttern, und man hatte sich seiner würdig zu erweisen, war es doch der einzige, schmale Weg aus der Sterblichkeit.

Wir wissen nicht, ob Sappho längere Zeiten der Einsamkeit erlebt hat, in ihren Texten ist aber eine unterschwellige Angst davor zu spüren. Wir kennen diese Aura des Seiltänzerischen, Flirrenden mit dem leichten Duft nach Tragik auch von den großen weiblichen Stars der jüngeren Vergangenheit. Bewegung, Überströmen, Musik, Sucht nach Licht und Zuneigung, nach Schönheit und Erfolg – das gab es, als Stars noch Biographien hatten und Geheimnisse und viel mehr zu können und zu wissen schienen, als sie preisgaben. Zu dieser Aura des Unverwechselbaren gehört ein bißchen Geheimnistuerei um Liebesgeschichten und die Fähigkeit, die Bewunderer beider Geschlechter immer ein wenig sehnsüchtig, ein wenig unzufrieden zu lassen.

Übersättigung ist für Gefühle geradeso tödlich wie für die Kunst. Unserer Zeit ist das Geheimnis des Hungers gründlich verlorengegangen, zur Zeit Sapphos haben es nicht nur die Künstler genau gekannt.

Auf dem Weg durch Mytilíni, das einem die Suche nach dem Atem Mytilenes nicht leicht macht, denke ich wieder an die Musik, versuche die Lieder in die Töne zu übertragen, die auf dem Band mit der Reproduktion archaischer Musik zu hören sind. Man muß die ganze Musikgeschichte des Abendlandes vergessen, wenn man sich zurückhören will – es gab keine Harmonien in unserem Sinn, keinen Takt, natürlich auch keinen Kontrapunkt. Die Instrumente waren den Göttern zugeordnet, die Doppeloboe des Dionysos hielt man für weniger fein und differenziert als die dem Apoll geweihte Kithara. Die Musik war reich an Formen, die für Rituale – also Gruppen – geschaffen wurden, sei es im Tanz, im Chor oder in der Feier. Die Sololieder hatten die Funktion des Hervorhebens, der Solist oder die Solistin geht gleichsam einen Schritt vor die Gruppe, also näher auf die Göttin oder den Gott zu.

Die alten Theater, deren Schüsselform nicht nur eine verblüffende akustische Wahrnehmbarkeit der Musik und der Texte für die Menschen möglich machte, scheinen wie zum Himmel gerichtete Parabolantennen, eine Bündelung der Menschenstimmen, damit auch die Götter gut hören konnten.

Wie Mytilenes Theater, schön in einem Pinienhain gelegen, in jener Zeit aussah, wissen wir nicht. Es ist zu oft zerstört und wieder aufgebaut worden, wahrscheinlich war es viel kleiner als in der hellenistischen Zeit, wo es mit 15000 Plätzen eines der größten Griechenlands war.

Die Menschen bauen immer das gleiche an immer die

gleichen Stellen, und wenn man gräbt, kann man sich sehr lang durch die Schichten der Kulturen arbeiten, bis man endgültig auf Erde trifft.

Für die Insel Lesbos gilt das in besonderem Maß, und auch auf dem Gelände des antiken Theaters ist erst ein Bruchteil der Rätsel gelöst, erst wenige Fenster in die Geschichte sind aufgestoßen. Dieses Bewußtsein verläßt den Besucher nie, und es regt sich immer wieder eine kleine Neugier, eine Art trauriger Wißbegierde, wenn man die mit netten, neuen Häusern überzogenen Hügel von Mytilíni sieht – was mag sich da alles verstecken, wie viele Steingesichter mit dem Lächeln sind da unter einem ganz normalen, ein bißchen trägen Hafenstädtchen begraben? Aber, denkt man, was würde es nützen, ihnen ans Tageslicht zu helfen? Sie würden doch nicht hierbleiben, Sapphos schöne Mädchen, die in Marmor verewigt worden sind – fände man eine, sie würde sofort auf Tournee geschickt, wie man es mit allen großen Funden der jüngsten Zeit gemacht hat. Die chinesischen Jadetotenhemden kann man in Mannheim anschauen, und der wundervolle Krieger, der aus dem Mittelmeer gezogen wurde, macht sicher bald eine Karriere als Botschafter in den großen Städten dieser Welt und wird einen Reiseplan kriegen wie Pavarotti.

So sind die Schicksale, das wissen wir, und deswegen schaue ich zufrieden in einen völlig uninteressanten Hinterhof, die Steine lassen verwischte Spuren erkennen, die zeigen, daß sie ursprünglich ganz etwas anderes waren als eine schnöde Hinterhofpflasterung. Ganz zart sind diese Bearbeitungsspuren, man muß regelrecht lernen, sie zu lesen, und sie sind besonders rührend, weil sie an versunkenen Alltag erinnern. Ritzzeichen, die Spielfelder für Würfelspiele waren, verwitterte Hausgötter, halbierte Wasserbecken, eingesunkene, vielbegangene Treppenstufen. Das nimmt keiner weg, beschildert und interpretiert es, kein Reiseführer geht mit einem bunten Sonnenschirm durch diese heißen Gassen und erklärt seinem verschwitzten kleinen Heerwurm, welche Schatten sie um die Ecken flitzen sehen könnten, wenn sie nur genau hinschauten – nein, das macht man hier ganz allein und hört wie von fern das Rasseln der Eisenrouleaus und das vertraute südliche Müttergeschimpfe, eine archaische Melodie, die sich in den Jahrtausenden sicher nicht geändert hat.

Jedesmal, wenn ich durch die Stadt gehe, entdecke ich neue, kleine Spuren, die nichts anderes sagen als: Wir waren hier. Vergiß uns nicht. Natürlich weiß ich, daß man das einen Spleen nennen könnte, aber man versäumt so viel, wenn man ihn nicht hat, ich nenne es zum Beispiel einen Spleen, wenn Dutzende von Menschen nichts anderes tun, als den lieben langen Tag des unglückseligen Ikarus' Nachfolge zu versuchen, und sich, hilflos unter knallbunten Schirmen zappelnd, von Motorbooten über die blaue See ziehen lassen.

Am Abend sammeln sie sich in den dunklen Bäumen, Aphrodites Spatzen, in »dicht befiederten« Schwärmen sind sie in der Dämmerung aus den blonden Haferfeldern emporgestiegen und haben seltsame kleine Liedchen gezwitschert, anders als die Spatzen bei uns. Das Meer ist still und scheint wirklich zuzuhören, die ersten, sehr fernen Schafsglocken bimmeln sich gemächlich näher, und man kann träge einer akustischen Zeitspaltung beiwohnen. Man weiß mit den normalen Sinnen, daß die Mopeds jetzt alle wieder heimgeknattert kommen, ziemlich gleichzeitig, stufenlos rot sind Schenkel und Knie der Fahrer, und allein die listenreichen Mopedvermieter wissen, wie viele Abgänge in die Schluchten an diesem Tag zu verzeichnen sind. Man hört Feilschen und das Klappern der Bierkisten, der fünfzigste Ikarus am heutigen Tag fällt mit seinem Schirm herunter ins Meer, keine Sage wird aus ihm wachsen, das Motorboot röhrt auf und macht sich auf die Suche. Die Mädchen kreischen probeweise ein bißchen, bald geht die allabendliche Jagd auf, das alles ist durchaus hörbar und auch schön. Aber es gibt eine zweite akustische Welt, in die nur die kreischenden Mädchen ganz gut hineinpassen, kein Motor, keine Maschine. Die Schafsglocken, natürlich, auch das Flügelschwirren und das dauernde trockene Rascheln des Hafers. Nie habe ich an einem Ort – und es gibt rings ums Mittelmeer tausend Orte, die Geschichten erzählen, denn um dieses Meer haben die Griechen, wie Plato sagt, gesessen wie Frösche um einen großen Teich –, nirgendwo, nicht in Ephesus oder Thios, Sizilien oder Pompeji habe ich diese akustische Doppelwelt so empfunden wie hier. Vielleicht liegt es daran, daß Lesbos seine Geschichte nicht ausstellt, sondern – nicht gerade verbirgt, aber sich auch nicht rühmt oder aus ihr erklärt. Vielleicht hat das mit der unmerklichen Schwierigkeit zu tun, die der Name bedeutet, vielleicht mit einer schönen Gleichgültigkeit.

Im Hof des archäologischen Museums von Molyvos steht wie ein Symbol eine mächtige Amphore, deren Stücke man kurzerhand mit einem gelben Wäscheseil zusammengebunden hat. Dieser Hof ist für mich zu einer seltsamen Zuflucht geworden, eigentlich ein Ärgernis mit den wurschtig aufgestapelten Pötten und seinem Wächter, dessen Schnauzbart so depressiv herunterhängt wie die weiß-blaue Flagge an ihrem Mast.

Nehmt die Spuren, wie sie sind, sagt dieser Hof. Das pathetische Wort von den Steinen, die reden, hat hier keinen Bestand. Allenfalls ist da ein leises Flüstern und das Gezwitscher von Aphrodites Spatzen.

Der erfundene Wald

Immer sucht man auf Reisen nach Bildern, auf die man ein Recht zu haben glaubt. Je leichter es geworden ist, unterwegs zu sein, desto mehr reduzieren sich Orte auf ihre Zitate, und es scheint eine Bestrebung zu sein, alles, was zwischen den Zitaten ist, weltweit kompatibel werden zu lassen. Natürlich wird man aus dem Tadsch Mahal oder der Akropolis, der Engelsburg oder der Basiliuskathedrale nichts anderes machen wollen, als sie sind, man bedarf ihrer mehr denn je als Erkennungszeichen. Bisweilen kommt eine komplette Straße, ein ganzes Viertel in den Genuß des Bei-sich-gelassen-Werdens. Alles aber, was die Zitate umgibt, wird nach und nach einem kommoden Standard angeglichen. Die allerersten Opfer waren die Kneipen.

Opfer ist vielleicht ein zu trauervolles Wort, denn was umgerüstet, modernisiert, handhabbarer gemacht wird, ist nicht eigentlich ein Opfer, sondern ein aus der Verpuppung der Tradition geschlüpfter Schmetterling, frei und überall gern gesehen. Es gibt Gegenden, in denen weder das eine noch das andere existiert, weder das heilige Zitat noch die praktische Umgebung, solche Gegenden lassen sich kaum entwickeln. Sollte sich wider alles Erwarten eine Sehenswürdigkeit finden, ist sie meistens unsichtbar. Einen solchen Fall kann man anläßlich eines Besuchs des versteinerten Waldes von Sígri genießen lernen. Erfahren, wie wir auf der Insel geworden sind, machen wir uns auf einen schwierigen Weg gefaßt, der sicher an seinem Ende eine überraschende Belohnung bereithält. Das war bisher hier immer so, und wir vertrauen längst darauf. Allein das Wort, unversehens im lesbiotischen Kulturführer auftauchend, setzt eine Bühnenbildphantasie in Gang: der Versteinerte Wald. Gibt es nicht eine Oper, die so heißt? Müßte es nicht eine geben? Werden wir hier das finden, was auf der Werbung für Busausflüge als »urtümlich und lustig« beschrieben wurde?

Die Wege über die Berge kennt man nun schon, man hat sogar mit Hilfe einheimischer Freunde gelernt, die trügerisch harmlosen Färbungen der Straßenkarte richtig einzuschätzen. Jeep also. Und vielleicht erst einen Abstecher nach Naos Messon, wo angeblich gegraben wird und das, fast in der Mitte des Platanenblatts am Golf von Kallonis gelegen, vielleicht ein übriggebliebenes Heiligtum verspricht. Der Fahrer schlägt vor, es erst auf dem Rückweg aufzusuchen, und begründet das ein wenig verblüffend damit, daß die Abenddämmerung die richtige Zeit für alte Trümmer sei. Unausgesprochen scheint mir dabei seine Auffassung, daß man wenigstens der Tageszeit die Chance geben sollte, einer unscheinbaren Geschichte ein paar Glanzlichter aufzusetzen.

Ob das für den versteinerten Wald nicht genauso gelte? frage ich.

Aber überhaupt nicht, sagt er stolz. Der versteinerte Wald sei etwas ganz Besonderes, man könne stolz darauf sein – es scheint dieser Wald der Beweis für eine besondere Leistungsfähigkeit, eine historische Erwähltheit darzustellen. Die Neugier steigt.

Nun ist die Landschaft schon vertraut, und man kann sich mit Einzelheiten beschäftigen, zum Beispiel mit der Verlassenheit und Winzigkeit mancher Gehöfte am Weg, denen man zum Teil erst nach einiger Zeit ansieht, ob da noch irgend jemand lebt oder nicht. Es ist in diesem mikrokosmischen Kontinent, den die Insel bildet, nicht anders als im übrigen sich ständig ausdehnenden Europa – die Segnungen der Gemeinschaft sammeln sich im Becken der Hauptstädte und sickern, wenn überhaupt, nur in sehr bescheidenen Rinnsalen aufs Land. So auffallend die Zeichen des Wohlstands in Mytilíni und auch in Molyvos waren, so unsichtbar sind sie hier. Und vielleicht ist das auch gar nicht mehr zu ändern, was sollte in dieser Landschaft sein außer ihr selbst und der immer kleineren Zahl von Menschen, denen das genügt? Nicht einmal Aussteiger sind bis hierher geraten, nur die Kirche, wir werden ihr auf ihrem Wachposten der Frömmigkeit noch mehrmals begegnen.

Immer wenn hoch oben unter dem Himmel ein Kloster auftaucht, ist die Frage: Bewohnt oder unbewohnt? Es gibt auch Klöster in den Tälern, das sind Nonnenklöster. Die Mönche wohnen auf den Bergen. Und es scheint ganz unausweichlich – wenn wir schon auf dem Rückweg ein heidnisches Heiligtum besuchen wollen, muß ein seelenrettender Besuch auf dem Hinweg absolviert werden, dafür bietet sich das Kloster Ipsilou an.

Wir sehen keinen Menschen auf der Straße, über eine halbe Stunde im rumpeligen Jeep, allein mit den Bergen und der Hitze, den ernsten Fingern der Zypressen und den Blicken hinunter in die schmalen, grün und rosa leuchtenden Täler. Manchmal biegt man um eine der Kurven und sieht plötzlich, immer wieder das schönste aller Bilder, im Dunst das Meer. Hoch hinauf führt der sandige Weg, außer Eseln begegnet uns niemand, schon von weitem kann man die festungsartige Klosteranlage auf dem Gipfel des Ordymnos sehen. Jedesmal, wenn so ein ausgesetztes, mächtiges Bauwerk erscheint, denkt man flüchtig und ein bißchen ungern an die Mühen, zu denen Armut, Glauben oder Zwang Menschen verurteilt haben. Das macht die Begeisterung beim Anblick solch verrückter Bauten immer ein bißchen bitter – es mindert sie leider nicht. Nicht einmal die Kurzatmigkeit, die sich auf dem Wegrest einstellt, den der Jeep entweder aus Ehrfurcht oder aus Kräftemangel nicht mehr erklimmen will, macht das Mitleid stärker. Wohltätig für die beengten Luftwege ist der starke Geruch des Oregano, der in großen Büschen weiß blüht und den man sich zerquetscht und zerrieben unter die Nase halten soll.

Es geht durch ein Tor in einen Innenhof von vollkommener Stille. Hier oben, »dem Himmel so nah, wie es geht«, stört nichts, nichts lenkt ab.

Unterhalb des Klosterhofs am Berghang schweben Falken. Kaum höher als der Boden sind die Katzen, die im Hof schlafen, fahle grauweiße und rote Farbflecke auf den heißen Steinen. Links führt eine hölzerne Treppe zu einer Art Galerie und zum Glockengerüst. Museum, steht in griechischen Buchstaben am Fuß der Treppe. Kleine geheimnisvolle Türen unterbrechen die umlaufende Mauer. Wenn man sie entriegelt, stürzt der Blick jäh und unvorbereitet in die Tiefe, ohne daß ihn Vorsprung oder Mauer abhielte.

Wo sind die Mönche, frage ich. Das Gefühl, Eindringling und noch dazu weiblicher Störenfried zu sein, läßt sich nicht abweisen, und ich versuche, so lautlos zu sein wie die Katzen oder die Eidechsen.

Die schlafen jetzt, sagt der kundige Manolis. Sie stehen um drei in der Nacht auf und beten, bis sie müde sind. Dann schlafen sie.

Wovon leben sie? frage ich.

Manolis grinst, er seinerseits ist ein Linker und läßt keinen Zweifel daran, daß er die Klöster höchstens touristisch nützlich findet. Sie haben, was sie brauchen, sagt er.

Ich gehe die Treppen zum »Museum« hinauf, natürlich ist es geschlossen, es war nicht anders zu erwarten. Hinter den Fenstern, die auf die Galerie hinaus gebaut sind, leuchten märchenhafte Geräte in Gold und Silber, besetzt mit bunten Steinen. Es ist der Kirchenschatz des Klosters. Von der modernen Prachtablehnung hat sich die orthodoxe Kirche nie anstecken lassen. Das Interessanteste sind in dieser abgelegenen Schatzkammer aber die Bücher, alte illuminierte Handschriften von großer Qualität und Seltenheit. Ich spähe wie eine Eule durch alle Fenster und erleide die Qualen des Tantalus, was man auf dieser Insel, die ihm einen Ort gewidmet hat, schließlich darf. Niemand ist zu finden, ein Glöckchen wird vergeblich betätigt, aber wenn man um drei Uhr nachts zu beten anfängt, hat man das Recht, seine Kraft nicht mehr der weltlichen Neugier zweifelhafter Touristinnen zu widmen.

Irgendwann lege ich mich in den Schatten eines Mäuerchens unterhalb des mächtigen Baues, sehe den Falken zu, ahne das Meer und dahinter Kleinasien, das Land der Helden. Ich rieche den Oregano und höre nichts. Nichts. Was für eine Köstlichkeit für das an dauernde Maschinenmusik gewöhnte Ohr. Man spürt richtig, wie der Kopf leichter und leichter wird. Wieder scheint die Zeit ein bißchen innezuhalten, oder anders gesagt, sie bedrängt einen nicht – ob man den steinernen Wald nun heute sieht oder morgen oder in einem Jahr – was verschlägt es? Der Wald ist eine halbe Million Jahre alt, grob geschätzt, und der Mensch liegt im Oreganogebüsch, als sei ihm genausoviel Zeit zugemessen. Eine Überraschung gibt das Kloster noch preis, eine von vielen, die es sicher birgt. Da ist ein kleiner, fast überwachsener Weg, und an seinem Ende wird ein verwittertes Dach sichtbar, eine Kapelle, die sich in die Flanke des Berges kauert, als ob sie sich verstecken wollte. Vor ihr ist ein zimmergroßes Geviert mit ein paar Grabsteinen, viel zu wenig Grabsteine für all jene, die von hier oben aus den Rest des Wegs zum Herrn angetreten haben. Sie sind in der kleinen Kapelle verewigt, in ernsten, goldbunten Portraits, Mönche und Nonnen, ihre Bilder bedecken Wände und Decke des stickigen kleinen Raums.

Auch biblische Szenen sind auf die Wände gemalt worden, und der Betrachter muß Dutzende von ernsten Blicken aushalten, Blicke, die seit den byzantinischen Portraits immer gleich geblieben sind. Nirgends, natürlich, ein Lächeln.

Das Alter der Bilder kann man an den Farben nicht

ablesen, höchstens an der Feinheit und Differenziertheit der Darstellung – die neueren sind gröber, klischeehafter als die älteren, die weiter hinten im Dämmer des Kapellchens leuchten.

Sie schauen dich an, verschlossen, ohne Furcht, ohne Hoffnung, voller Gelassenheit.

Sappho wird der Satz zugeschrieben, daß der Tod etwas Böses sei, sonst stürben schließlich auch die Götter. In diesen letzten Bildern, die von den frommen Christen in der Einöde aufbewahrt sind, ist nichts zu sehen von der christlichen Heilsgewißheit. Der Gedanke, Christus sei das Leben und Sterben ein Gewinn, ist schwer durchzuhalten, das sagen diese Bilder.

Die archaischen Menschen durften sich zum Grauen bekennen, zur Freude am Leben und zur Angst vor der Dunkelheit gleichermaßen. Das Diesseits derer, die mich hier unerbittlich anschauen, war nur eine Vorbereitung auf das bessere Leben danach.

Wo mögen ihre sterblichen Überreste sein? Die sind nicht wichtig, alles Fleisch ist wie Gras.

Ipsilou ist vielleicht der ernsteste Ort, den ich auf der Insel gefunden habe. Es ist ein Trost, daß inzwischen die Klosterkatzen aufgewacht sind, wie von Zauberhand ist ein Napf voll verdächtig industriell aussehenden Katzenfutters auf dem Hof aufgetaucht, und tatsächlich, die entrückten und gottesfürchtigen Katzen des Klosters Ipsilou tragen Flohhalsbändchen. Nirgendwo macht er halt, der Fortschritt, buchstäblich nirgendwo.

Nur fort, hin zum versteinerten Wald, bevor wir am Ende noch eine Satellitenschüssel auf einem Säulengang entdecken. Die zwar nicht, aber eine gewaltige Abhör- und Empfangsanlage auf einem benachbarten Berg. Zu schön ist die Lage, das hat das Militär so empfunden, und auch die westlichen Verbündeten werden den Standpunkt in der Ägäis für nützlich halten.

Oh, wohltuende Ernüchterung! Und weiter geht es über die Berge bis zum Wald, von dem die ganze Zeit gesprochen und geträumt wurde. Dieser Tag gehört offenbar zu jenen, an denen man wie allein auf der Welt ist.

Es hat schon keiner das Kloster anschauen wollen, und die kleinen Städtchen, auch den versteinerten Wald scheint heute niemand zu besuchen und zu photographieren. So stehe ich wie Kolumbus vor einer weiten, gelben Fläche, auf der große Steine liegen. Ein Kassenhäuschen gibt es, der Eintritt ist aber frei. Schon aus Prospekten weiß der Reisende, daß die Mitnahme kleiner Waldstückchen, das Abbrechen oder Aufsammeln unter strengster Strafe steht. Mir scheint, daß es nicht so ein Theater geben würde, wenn man eine Marmorgöttin ausgrübe und behielte. Mit den Baumstücken – bisher war es mir nicht gelungen, eins zu identifizieren – sind sie hier ganz besonders eigen.

Die Verblüffung hält mich am Eingang fest – unter einem Wald stellt man sich ja etwas vor, das einigermaßen aufrecht steht. Auch die ganz normalen Wälder nennt man nur so, wenn wenigstens ein gut sichtbarer Teil der Bäume noch im Boden wurzelt und nicht darniederliegt. Dieser Wald hingegen, der weithin berühmte »petrified forest« liegt nicht nur zur Gänze am Boden, zum Teil ist er auch unter der Erde oder – besonders eindrucksvoll – liegend unter Wasser. Eine Vulkankatastrophe hat vor einer halben Million Jahren diesen Wald ereilt, und die Lavamassen haben die Bäume gefällt und anschließend in einen dunklen, marmorartigen Stein verwandelt. Wenn man einmal gelernt hat, das versteinerte Holz von bloßem Stein an seiner Struktur zu unterscheiden, begegnet man diesen uralten Stämmen überall. Sie gucken aus den Wänden der Hohlwege, aus kleinen Steinbrücken und sogar, wie gesagt, aus dem Wasser. Dieser abgesperrte Bezirk des steinernen Waldes aber verblüfft ja nur deswegen, weil man sich das Ganze völlig anders vorgestellt hat, majestätisch, den Dichtersatz »Bäume sterben aufrecht« noch im Ohr. Statt dessen ist Vorstellungskraft gefragt, und langsam beginnt man in den trockenen Hügeln herumzuwandern und nach dem versunkenen Holz zu suchen. Die Farben des vulkanischen Holzsteins gehen von dunklem Gelb zu Ochsenblutrot, Braun, Grau und Schwarz. Sie unterscheiden sich nicht von dunklem Marmor, aber die Struktur ist eine völlig andere, das Faserige des Holzes ist geblieben. Auf einem großen Terrain liegen die Baumfragmente, manche wie in offenen Gräbern, mächtige, schwere Stämme.

Es ist sehr einsam und ein bißchen bedrückend hier, um allfällige Besucher schert sich nichts und niemand. Das ist vielleicht ganz richtig, wenn auch der Wunsch nach *Kokakola* oder wenigstens Wasser auch den strengsten Puristen kurzfristig mit einer Bude, die so was verkauft, versöhnen würde. Aber nichts ist da, gar nichts. Steingewordene Natur aus Zeiten, gegen die Sapphos Ära einem wie grade erst gewesen erscheint.

Das besondere Licht der Landschaft um Sígri ist oft gerühmt worden, auch die vielen schönen Buchten, wo man baden und angeln kann. Der versteinerte Wald dagegen ist etwas Verschlossenes, für ungeduldige Blicke bleibt er unsichtbar. Zum dramatischen Zitat einer Gegend eignet er sich, trotz des Namens, überhaupt nicht. Auf der Fahrt zurück in die Wirklichkeit kommt ein Jeep entgegen, und ein Mann fragt: Gibt's da oben was zu sehen?

Wie man es nimmt, antworte ich. Vielleicht. Ich weiß es nicht genau.

Seltsam ist es, daß ich von diesem Zeitpunkt an auch die verstecktesten Steinstämme mühelos erkenne.

Der Bucht von Sígri vorgelagert ist eine kleine Insel, auf der ein Leuchtturm steht. Man kann Hummer fangen und essen, ein bißchen Boot fahren, abends auf den kleinen Terrassen sitzen und Ouzo trinken oder Wein. Das Wort »Sommerfrische« fällt einem unwillkürlich ein, jene Kinderferien von einst, die sich zur Endlosigkeit dehnten und in denen die göttliche Langeweile als Erholungsfaktor noch nicht von den andauernden Vergnügungspflichten abgelöst war.

Hier, in diesen kleinen Orten mit den bunten, in der Sonne schlafenden Häusern und dem glitzernden Meer könnte sich die wahre Sommerfrische noch erhalten haben.

In einer dämmerigen Kneipe kann man endlich seinen Durst löschen – die Urzeit hat einen ganz ausgedörrt, und das Gemisch aus Tavernen und Tabaklädchen, Kirchen und Fischerhäusern ist mir eigentlich doch lieber als diese schweigende, knochenfarbige Landschaft da oben, die sich in Ewigkeit nicht bequemen wird, den Menschen gefällig oder interessant zu sein. Vergessen, allerdings, kann man sie nicht.

Auf dem Heimweg gibt es einen anderen, ungeahnten Blick in die Urzeit, mitten in einem grünen, wilden Gebiet, durch das nur ein Knüppelpfad führt und wo Bäume stehen, die ich nicht kenne. Auf dem Weg liegt ein langgestrecktes, schönes Tier, tot. Ein Opossum. Es gibt hier so viele tote Tiere, auf menschenleeren Wegen. Das Opossum macht mich besonders traurig, denn ich habe noch nie eines als Tier gesehen, nur früher, als Kragen oder Mantel, schönes, weiches Fell.

Das Ziel dieses bedachten Umwegs wird sichtbar und beglückt allein durch den Anblick: ein Teich. Ein wie ein grünes Auge in der trocken-grünen Vegetation liegender Teich mit Binsen drumherum und klarem Wasser. Am Ufer sind viele flache Steine. Zum erstenmal habe ich auf der Insel eine Idee davon, wie ein »Hain«, der als poetischer, religiöser und realer Ort in der Dichtung eine so große Rolle spielt, beschaffen gewesen sein könnte.

Als Mittelpunkt das Süßwasser, Blumen und Bäume, aber in lichter, lockerer Anordnung, eine Wiese zum Lagern. Natürlich fehlt ein Tempelchen, dafür ist aber auch keine Kapelle hier, und so haben wir unversehens einen unbesetzten Platz gefunden, frei für die Phantasie. Die wird, wie sich herausstellt, gar nicht gebraucht, weil die flachen Steine am gegenüberliegenden Ufer sich nach und nach in Bewegung setzen, die Uferböschung herunterschliddern und mit einem zarten Platsch ins Wasser fallen. Sie kommen angepaddelt, gemächlich, strecken ihre schönen, langhalsigen Urzeitköpfchen aus dem Wasser und tauchen ab, man kann sie bis auf den Grund sehen, die Schildkröten mit ihren gelbbräunlichen Panzern und ihren gemächlichen Bewegungen. Schildkröten! Dutzende! An ihre unstreitig wichtige Rolle bei den künstlerischen Vorträgen der Dichterin mag ich im Moment gar nicht denken – vielleicht hat man damals gewartet, bis einem der Tod der Schildkröte ihren Panzer schenkte, aber das glaube ich nicht recht. Man wird schon nachgeholfen haben, wie immer.

Die Exemplare, die jetzt ruhevoll und ein bißchen neugierig herangerudert kommen, sind so groß wie Bauernbrote – etwa ein- bis dreipfündige. Sie teilen sich ihren idyllischen Teich mit einer Menge sehr langbeiniger und sprungfreudiger Frösche. Meine Frage danach, ob dieses kleine Wunder denn ordentlich geschützt sei, wird ein bißchen verständnislos zur Kenntnis genommen. Was denn daran zu schützen sei? Hier kämen doch sowieso nie Leute hin, und man esse diese Tiere auch nicht, schließlich »sind wir keine Franzosen«. Ich will den Ort lang nicht verlassen. Wie viele von diesen griechischen Schildkröten haben als vermeintlich kindergeeignetes Spieltier den Weg zu uns nehmen müssen, zu einem langsamen Siechtum bei Salatblättern und dem endlich finalen Winterschlaf verurteilt! Es sind langweilige Viecher, hat man immer gedacht. Das sind sie, wie ich mich hier zum erstenmal in meinem Leben überzeugen kann, ganz und gar nicht. Sie sind anmutig und fröhlich, neugierig und wirklich schön mit ihren kleinen, uralten Augen.

Schreib ja nicht, wo das ist, sagt Manolis.

Ich weiß gar nicht, wo wir sind, antworte ich, und das ist nicht gelogen.

Der geheimnisvolle Wald, um dessentwillen wir uns auf den mühsamen Weg gemacht hatten, ist nur eine Station gewesen, ein seltsamer Ort, der die Gedanken klärt und den ohnedies etwas aus den Fugen geratenen Zeitbegriff noch ein bißchen mehr revidiert.

Es gibt eine Theorie, der zufolge alle Inseln, so unterschiedlich sie sein mögen, auf ihre Weise das Komplexe eines ganzen Kontinents repräsentieren. Als Mikrokosmos, in dem das Ganze sich wiederfindet, ist Lesbos besonders geeignet.

Wenn man rechtzeitig zum Sonnenuntergang wieder das rettende, vertraute Meeresufer erreicht hat, erscheinen einem die Bilder und Erlebnisse des Tages wie Chimären. So schön normal und bieder geht es am Wasser zu, daß man sich nicht scheut, den Mitgästen ein bißchen was zu erzählen. Merkwürdig, sie kennen schon alles, aber es müssen ganz andere Orte gewesen sein, die sie besucht haben. Ihre Klöster waren von emsig Auskunft gebenden Mönchen bevölkert, ihre Schildkröten ganz leicht, direkt neben der Hauptstraße, zu sehen. Was allerdings den Wald betrifft: Nach ihm haben sich ein paar Unerschrockene sogar mit ihren Rädern auf die Suche gemacht, aber irgendwie war das so schlecht ausgeschildert und – sonst kann man das ja gut aushalten – grade heute war es ja auch besonders heiß.

Der Busunternehmer macht eine Tour, da wird man den Wald sehen können. Alle sind zufrieden, und es steht auf manch einer roten Nasenspitze deutlich geschrieben: Die Dichter lügen! Muß sie so angeben und übertreiben mit ihrer Menschenleere und ihrer Stille? Kann sie nicht alles so lassen, wie es ist?

Von dieser Sappho hat man ja auch da und dort gehört, aber man soll das gar nicht so ernst nehmen. Hier fahren ganz normale Familien hin, das sehen Sie doch! Warum muß denn immer alles was extra sein, da sind wir gar nicht so für!

Sie sind aber nachsichtig und laden mich zu einem Ouzo ein, und als zwei Frauen schweigend am Nachbartisch Platz nehmen, flüstert man mir dröhnend zu: Nicht, was Sie denken! Das ist eine pensionierte Lehrerin aus Wuppertal mit ihrer Tochter! Und während wie immer die große Sonnenuntergangsoper anfängt, überlege ich, wie es dort sein mag: nachts im versteinerten Wald.

Meiner wird man gedenken

Die Ausgrabungen von Messon, einige Tage später und, wie es sich gehört, im Abendlicht besucht, sind nur noch ein kleines Anhängsel, ein pflichtschuldiger Versuch, über marmorne Reste einen Blick auf das Gewesene zu erzwingen. Manchmal gelingt das scheinbar – hier nicht. Durch Bauerngärten und an Geflügelhöfen vorbei führt wieder einer jener Fahr-lieber-nicht-hier-entlang-Wege, wieder steht ein allerdings verwaistes Kassenhäuschen da, die Grundrisse des Heiligtums sind gut zu erkennen, die Fundamente der mächtigen kannelierten Säulen, eingesunken im wilden Dill ein paar bearbeitete Brokken. Nebenan ein Berg mit Aushub – es wird gearbeitet, aber man habe, erfahre ich, für größere archäologische Projekte kein Geld. Wenn hier eine Figur, eine Statue gefunden wurde, ist sie längst weg. Wahrscheinlich stammen die Reste aus hellenischer Zeit.

Erinnerung geht andere Wege, das hat Sappho immer gewußt, und Gedanken an die Vergänglichkeit waren ihr vertraut. Schon in einem kleinen Liedchen, von dem man nicht weiß, ob es nicht eigentlich ein Volkslied ist, klingt das ganz leise an:

Abendstern, bringst du alles nach Haus
Was die strahlende Eos zerstreut hat?
Schafe bringst du heim
und Ziegen – aber du bringst
Fort von der Mutter die Tochter

Weil das ein so vertrackt einfaches und vollkommenes Gedicht ist, wird man ihr kein Unrecht tun, wenn man es ihr zuschreibt.

Über die Liebe hat selbst der Abendstern, also das Unsterbliche, keine Macht. Sie setzt die Ordnung außer Kraft, das Leben vergeht. Sappho muß immer wieder die gleiche Zeitspanne beobachten, vom Kind bis zur jungen Frau. Damit täglich umgehen zu müssen kann für eine Frau wie sie nicht leicht gewesen sein. Der Spiegel redet ungefragt, immer lauter, auch die Gesichter der Schülerinnen sind Spiegel. Der wohlduftende Kopfschmuck aus Phokaia, die bunten Jäckchen und purpurnen Bänder, die königliche Salbe, Blumenkränze und schönes Geschmeide, das ganze Arsenal der Anmut, das sich in den Liedern findet – eines Tages ist es nur noch für die Mädchen da. Es gibt ein arg zerstörtes Lied, dessen Überreste schmerzlich gelassen davon erzählen:

fliehend
geführt werden
Den Göttern schnell
dich die berühmte
dem Wort und der Stimme Ruhm
Schöne Geschenke für die Mädchen
Nimm, Liebe, die Leier für dein Lied
Meine Haut hat die Farbe des Alters
Und meine schwarzen Haare sind weiß geworden
Die Knie wollen mich nicht mehr tragen
tanzen leicht wie Rehe
Was kann ich machen

Das durfte nicht geschehn
die rosenarmige Eos
Trug zum Erdenrand
Tithonos   doch packte ihn
geliebten Frau
daß schwinde
Ich aber liebe den Glanz, er gehörte zu mir
Leuchtenden Eros, die Sonne, das Schöne –
das hab ich gewählt

Wie ein wunderbarer alter Stoffetzen mit dunkel leuchtenden Farben erscheint dieses Fragment, in dem gleichwohl das gesamte Lebensmuster erkennbar wird.

Was kann ich machen? sagt sie. Es ist keine Klage, vielmehr das Bekenntnis zur Lebenslust, die zweierlei bewirkt – Freude darüber, daß aller Glanz im Leben war, und Trauer, gelassene Trauer, daß es vergeht.

Ihre Anspielung auf die Geschichte der Eos, die von den Göttern für ihren Geliebten zwar die Unsterblichkeit erfleht hatte – die ihm auch gewährt wurde –, die aber in ihrem Überschwang (vielleicht gab es auch Unsterbliche, die ein bißchen dumm waren?) vergessen hatte, ihm auch die ewige Jugend zu wünschen, zeigt, daß ihr Sinn für Ironie sie nicht verlassen hat. Die Parabel von der Göttin, die nun für alle Zeit an ein armes Schrumpelchen gefesselt ist, hat ja eine bittere Komik.

Ein Tithonos kann man nicht werden wollen, dann lieber ein Ende, so schön das Spiel auch war. In manchen Biographien steht, sie sei »für die damalige Zeit« sehr alt geworden. Das erscheint mir falsch, weil wir uns daran gewöhnt haben, fünfzig oder sechzig Lebensjahre auf die Statistik der Lebenserwartung vergangener Zeiten anzurechnen. Statistisch gesehen war das gewiß ein hohes Alter. Absolut gesehen nicht, denn auch die alten Zeiten kannten echte Hochbetagtheit, und die niedrige Lebenserwartung im Durchschnitt lag an der hohen Kindersterblichkeit.

Ich kann mir Sappho als ältere, nicht als sehr alte Frau vorstellen. Und sie verschwindet auch aus der Geschichte nicht als alte Frau. Daß man ihr in späteren Jahren den dramatischen Selbstmord wegen eines jungen Mannes, eben jenes Phaon, angedichtet hat, mag an zwei Dingen liegen – es gibt ein Fragment:

Wenn du mein Freund bist, such dir eine jüngere Frau
Als die ältere bei dir zu sein, könnte ich nicht ertragen

Mag sein, daß diese kurze, eindeutige Aussage die Phantasie der Nachgeborenen angeregt hat – oder sie konnten sich ein langsames Versickern dieses außergewöhnlichen Lebens einfach nicht vorstellen. Auch da teilt sie das Los der Stars, denen nur ein früher und möglichst dramatischer Tod die Mühsal erspart, ihr Geheimnis bis ins Alter zu retten. Eine Möglichkeit ist das Verschwinden, das Sich-unsichtbar-Machen. In einer Gesellschaft wie der Sapphos aber wäre das nicht möglich gewesen, ich glaube, daß sie nicht älter als sechzig geworden ist.

Der Dichter, das wußte auch die Dichterin Sappho ganz genau, hat zwei Leben – wie lang das zweite währt, entscheiden die Nachgeborenen und deren Bereitschaft, durch die Liebe zum Künstler dessen Tod zu besiegen. Das sagt sie im folgenden Gedicht ganz brutal. Angeblich hat sie es für eine reiche Bürgerin von Mytilene geschrieben, die großen gesellschaftlichen Erfolg hatte:

Wenn du stirbst, ist es aus
Keine Erinnerung und keine Sehnsucht
fragt später nach dir
Die Rosen aus Pierien
Schmücken dich nicht
Ganz unsichtbar
Gehst du in Hades' Haus
Gehst zu den blinden Toten und
Fliegst davon, ein Nichts

Was mag diese Dame ihr getan haben? Die »Rosen aus Pierien« stehen für die Geschenke der Musen, für die Künste also, die einem allein das scheußliche graue Nichts ersparen können.

Wie oft, bis zum heutigen Tage, mag das der hochmütige Selbsttrost der Künstler gewesen sein, wenn sie sich mißachtet oder einsam inmitten von Menschen gefühlt haben? Die Nachwelt wird entscheiden! Mein Name wird haltbarer sein als der des Geldes oder der Schönheit. Denn auch die stirbt ja und fliegt davon, ein Nichts, wenn sie nicht besungen oder gemalt wird.

Ja, sie hat das alles ganz genau gewußt, und wenn es auch Jahrhunderte gab, in denen ihr Name fast verschwunden war, haben doch Textfunde und Verweise ihren Ruhm neu zum Leuchten gebracht. Sie hat die

Künstler auch angeregt, vor allem Komponisten haben immer wieder versucht, ihrer verstummten Leier eine neue Stimme zu geben.

»Oh ma lyre immortelle« heißt der wunderbare Schmachtfetzen aus Gounods Oper *Sapho* – oh meine unsterbliche Lyra – und das ist sie bis auf den heutigen Tag.

Lord Byron liebte und bewunderte sie, Grillparzer ließ sie kalt, Karl May wurde mit Spitznamen Sappho genannt, Ezra Pound sah in ihr die Essenz der Dichtkunst, Daudet schrieb einen Roman, Marie Luise Kaschnitz fand in ihr die Menschheitsjugend wieder, der Kritiker Cyprian schreibt über Else Lasker-Schüler: »die seit Peter Hille von einer mächtigen Literaturclique als Sappho unserer Zeit, als eine der größten künstlerischen Erscheinungen der Gegenwart gepriesen werde, und setzt hinzu, ob sie nicht eine arme hysterische Frau sei. Interessant und verführerisch sind die Vertonungen von Hans-Jürgen von Bose und Luigi Dallapiccola, wobei Bose die fremden Töne komponiert und Dallapiccola sie in die Jetztzeit hinüberholt.

Leider verwendet Bose eine dieser pathetischen Übersetzungen, in der Formulierungen wie »ach, ich lieg' allein darnieder« die schöne Kühle und Frische der sapphischen Sprache unsichtbar machen.

Irgendwo auf dieser Insel, die ihre Mythen so zäh festhält und vor Barbarenaugen zu verbergen weiß, irgendwo ist sie begraben worden, und ich denke, daß sie bis zum Schluß Schülerinnen hatte, die sie begleitet haben. Ich stelle es mir vor.

Längst bin ich von der vordergründigen Spurensuche abgekommen, die einen immer wieder ins Nichts schauen läßt, in hundert verschwundene Menschengenerationen und versunkene Tempel, in längst zerstörte Bilder, in die Steinbrüche der Geschichte, in die Gleichgültigkeit, die aber auch etwas zu tun hat mit der Lebensfreude, die Sappho für sich in Anspruch nahm.

Die Sonne ist die gleiche, und der Gedanke, daß sie ihr schon lang nicht mehr scheint, nimmt der Dichtung kein Stückchen von ihrem Glanz.

So sehe ich Mytilíni mit neuen Augen, nicht mehr süchtig nach den Hainen der alten Zeit, die mir ja in Wörtern aufgehoben sind: Hinter der orientalischen Kirche am Hafen liegt ein kleiner Park, ein staubiger Ort des Schattens, wo alte Männer sitzen und junge Mädchen, es gibt einen Adonis, der für ein ordentliches Geld Orangen auspreßt. Der Saft gleicht dem Göttertrank, der so oft beschrieben wird, und vielleicht war der auch nichts anderes. Wie nah ist manchmal das, was man nur deswegen für unerreichbar hält, weil es so furchtbar klassisch geworden ist! Es soll keine Entweihung bedeuten, wenn der dicke Schimmelpelz der Bedeutungen und Deutungen, der moralischen, formalen und sonstigen Beurteilungen ein bißchen weggekratzt wird.

Am Hafen von Mytilíni stinkt es nach Fisch und nach Urin, die Boote sind blau und rot, Augen haben sie keine mehr. Die Händler verkaufen tönernen und silbernen Unfug, und die Männer sehen den Frauen dabei zu, wie sie den Unfug kaufen. Paare aller Art bleiben am Wasser stehen, schauen hinaus aufs Meer und sich in die Augen und wieder hinaus. Alles das gleiche – oder? Nein, es ist nicht alles das gleiche, nur das Seelengerippe, wenn man es so grob nennen darf. Oder kann man sich denken, daß sich jemand in tausend Jahren so voller Entzücken über eine rosa Plastikhaarspange in Dinosaurierform beugt, wie wir es bei den hinterlassenen Kleinigkeiten unserer Vorfahrinnen tun? Ja? Ja, vielleicht. Aber ich kann es mir nicht vorstellen. Sicher habe ich sehr unrecht, denn die Angelhäkchen, an denen Erinnerung oder ihre Simulation sich festmachen, sind eigentlich gleichgültig und müssen ästhetischen Kriterien nicht unbedingt genügen.

Vielleicht waren die Tonfigürchen, die uns so schön erscheinen, in Wahrheit Kitsch, Nippes, billiger Tand, und nur die Jahrtausende haben sie geadelt. Vielleicht waren Sapphos Lieder auch manchmal fröhlich für den Tag geschrieben, ohne Anspruch auf Dauer, einfach aus Freude oder Trauer.

Kein Dichter, nicht der eitelste, bringt es fertig, bei jeder seiner Hervorbringungen die Ewigkeit vor Augen zu haben und daraus jenen Nektar zu saugen, der Nachruhm heißt, jenen windigen Wechsel auf die Zeit danach.

Sapphos Arbeiten, soweit sie bis zu uns gekommen sind, scheinen alle kostbar. Das liegt daran, weil wir nach dieser Art des »Leuchtens« eine nie gestillte Sehnsucht haben. Man muß dafür gar nicht den Verlust der alten Götter und der unschuldigen Liebe verantwortlich machen, das ist längst ein Phantomschmerz geworden, was nicht heißt, daß es nicht weh tut.

Es ist die Sehnsucht nach etwas nicht Abgenutztem,

nach dem Neuen, das sich selbst als neu und grade erschaffen wahrnehmen darf. Manchmal meint man ja, die Poesie sei mit der Menschheit in die Welt gekommen – aber die archaischen Dichter durften das Gefühl haben, an der Entwicklung des Einzigartigen, das alle angeht, ganz nah teilzunehmen.

Ich lese überhaupt keine Gedichte, sagt eine Dame am Meer.

Das haben Sie mit den meisten Leuten gemeinsam, antworte ich. Überzeugen will ich niemanden mehr. Soll Lesbos, die Insel, diese Arbeit übernehmen, wenn sie will. Keine, da bin ich mir sicher, kann das besser, denn keine macht es schwerer.

Das Platanenblatt will weder erobern noch erobert werden. Davon hat es genug. Und da es sich dem Zug der Zeit nicht in den Weg legt, gibt es genausoviel preis von sich, wie es entbehren kann. Die Mißverständnisse oder Usurpationen, die am Inselnamen aufgehängt werden, spielen, glaube ich, kaum mehr eine Rolle. Wallfahrerinnen, die sich ihrer Geschichte zu versichern suchen, habe ich kaum gesehen, nur ganz wenige ältere Frauenpaare, die ein bißchen melancholisch aussahen, aber das kann eine Interpretation sein – bei der Liebe zu wem auch immer kommt irgendwann die Erkenntnis, daß Eros in kein Lager gezerrt werden kann. Er schlägt unterschiedslos zu und läßt unterschiedslos erkalten, keine Spielart ist dagegen gefeit, und schon deshalb ist es dumm, einen Moralkatalog und eine Werteskala anzulegen.

Eros, der mir die Glieder lähmt, treibt mich
süßbitter ist er, nicht zu zähmen, ein wildes Tier

Das gehört zwar zu den ungesicherten Texten, aber es ist ihr Ton, ganz unverkennbar, ohne Beschönigung, deutlich und schnörkellos.

Der Abschied von der Insel ist keiner, denn weswegen ich gekommen bin, werde ich wieder mit zurücknehmen und manchmal an Sarah Kirschs schöne Strophe aus dem Gedicht *Nachricht aus Lesbos* denken:

Nicht liebe ich das Nichts das bei uns herrscht
Ich sah den Ast gehalten mich zu halten
An anderes Geschlecht lieb ich hinfort
Die runden Wangen nicht wie ehegestern
Nachts ruht ein Bärtiger auf meinem Bett …

Das ist ein starker, trotziger Ton, der der Meisterin gut gefallen hätte, nichts von durchgeistigter Studienrätin im antiken Hemde und ohne irdische Wünsche beziehungsweise vor lauter Sublimation ganz dösig – nein, eine von der kräftigen Schwesternschaft der großen Unterhaltungskünstlerinnen.

Einen richtigen Abschied kann man nur am Meer nehmen, Abschied von der Bildersucht, aber von Bildern getröstet.

Tatsächlich ist am letzten Abend Selanna, der Mond, hierzulande aus guten Gründen eine Frau, wie in allen wirklichen Kulturnationen, Selanna also ist ganz voll und erleuchtet die »salzige Flut«. Ich muß weit hinausschwimmen an diesem Abend, es ist hell genug, und die Steine und Seeigel haben sich umsonst bemüht, einem auch diesen Weg schwerzumachen. Vielleicht ist sie einfach eines Tages ins Wasser gegangen, in die blaue, von Delphinen bewachte Ägäis?

Aber das Meer trägt und ist still, in den Bergdörfern brennen die Lichter, und die einzige Disco, jene drahtbeinige Raumstation der glücklichen Jugend, ist weit genug weg. Man kann nicht Abschied nehmen von etwas, das so unveränderlich scheint wie diese Insel. Wenn man sie braucht, wird man alles wiederfinden, sie wartet hier. Noch so viel tief Verborgenes auch, das zu finden sich noch niemand ernsthaft bemüht hat. Das ist sicher gut, so bleibt alles bewahrt, das Sichtbare und das Unsichtbare. Und auch das Sichtbare ist noch längst nicht völlig entdeckt auf diesem kleinen, unendlichen Kontinent.

Du warst früher selbst ein Mädchen, es klang
deine Stimme im Chor. Denke daran
Und tu uns aus deinem Herzen den
großen Gefallen

Wir gehen jetzt zur Hochzeit. Du weißt es,
weißt alles, so laß die Mädchen schnell gehn
Die Götter
Sollen dir's lohnen

Sieh, zum hohen Olymp
führt für uns Menschen kein Weg.

Keine hat so genau wie sie gewußt, was Abschied ist. Ans Wiederkommen hat sie geglaubt und darauf vertraut, daß die Kunst nicht vergehen kann.

Vergiß nicht, wie lieb du mir warst.

Zu dieser Ausgabe:

insel taschenbuch 3246: Eva Demski, *Lesbos. Sappho und ihre Insel*. Der Text folgt der im Jahr 2000 bei Schöffling & Co. erschienenen Ausgabe: Eva Demski, *Lesbos. Sappho und ihre Insel* (2. Auflage). Die erste Auflage des Titels erschien 1995 bei Schöffling & Co. unter dem Titel *Das Meer hört zu mit tausend Ohren*.

Eva Demskis Übersetzung liegt der griechische Text der Ausgabe *Sappho, Lieder* (Griechisch und Deutsch. Herausgegeben von Max Treu. München und Zürich: Artemis 1984, Sammlung Tusculum) zugrunde.

Umschlagfoto: Elke Dörr

Eva Demski

Das siamesische Dorf

Roman
st 3885. 381 Seiten

Drei Wochen im Paradies – das verspricht das siamesische Dorf, eine Ferienanlage an der Küste Thailands, erholungsbedürftigen Europäern. Die Journalistin Kecki und der Fotograf Max sollen eine Hochglanzreportage über den fernöstlichen Garten Eden liefern, doch der ungeklärte Tod zweier Frauen macht aus dem geplanten Arbeitsurlaub unter Palmen ein kriminalistisches Abenteuer. Eine sterbende Millionärin, skrupellose Geschäftsmänner, einsilbige Ressort-Angestellte, zwielichtige buddhistische Mönche – sie alle scheinen mehr zu wissen, als sie offenbaren. Je mehr Kecki und Max herausfinden, um so schwieriger wird es, die Guten von den Bösen zu unterscheiden.

Spannend, ironisch und mit erhellendem Blick auf unsere Gegenwart erzählt Eva Demski von irdischen Begehrlichkeiten und menschlichen Abgründen – nicht, ohne uns am Ende, wenn das Paradies längst entzaubert ist, doch noch ein wenig fernöstliche Weisheit zu vermitteln.

»*Das siamesische Dorf* hat alles, was einen guten Krimi ausmacht.« *Anne Chaplet, Literarische Welt*

NF 582/1/11.06

»Griechenland«
im Suhrkamp und im Insel Verlag
Eine Auswahl

Athen. Literarische Spaziergänge. Herausgegeben von Paul Ludwig Völzing. Mit farbigen Fotografien. it 2505. 300 Seiten

Führer durch das klassische Griechenland. Die antiken Texte zur Kunst und zu den Landschaften Griechenlands. Herausgegeben von Hubert Ortkemper. Mit zahlreichen Abbildungen. it 1930. 408 Seiten

Griechische Märchen. Herausgegeben von Georgios Sarantis-Aridas. it 2231. 345 Seiten

Griechische Welt. Klassische Autoren Griechenlands. Herausgegeben von Hellmut Flashar. it 1970. 677 Seiten

Reisen mit Odysseus. Zu den schönsten Inseln, Küsten und Stätten des Mittelmeers. Von Ernle Bradford.
it 2508. 283 Seiten

Jean Bollack. Sophokles. König Ödipus. Zwei Bände.
Zusammen 466 Seiten
- Band 1: Text. Kommentar. 271 Seiten. Gebunden
- Band 2: Essays. 195 Seiten. Gebunden

Roberto Calasso. Die Hochzeit von Kadmos und Harmonia.
Übersetzt von Moshe Kahn.
434 Seiten. Gebunden und it 1476. 434 Seiten

William Golding. Mit doppelter Zunge. Roman. Übersetzt von Wolfgang Held. 176 Seiten. Gebunden

NF 61/1/10.06

Zbigniew Herbert. Im Vaterland der Mythen. Griechisches Tagebuch. Herausgegeben und mit einem Nachwort versehen von Karl Dedecius. it 2748. 200 Seiten

Erhart Kästner
- Kreta. Aufzeichnungen aus dem Jahre 1943. Mit einem Nachwort von Heinrich Gremmels. it 117. 264 Seiten
- Griechische Inseln. Aufzeichnungen aus dem Jahre 1944. Mit einem Nachwort von Heinrich Gremmels. it 118. 166 Seiten
- Ölberge, Weinberge. Ein Griechenland-Buch. Mit Zeichnungen von Helmut Kaulbach. it 55. 262 Seiten
- Die Stundentrommel vom heiligen Berg Athos. it 56. 325 Seiten

Marie Luise Kaschnitz. Griechische Mythen. Herausgegeben von Bernard Andreae. 17 Abbildungen. 192 Seiten. Gebunden

Wolfgang Koeppen. Die Erben von Salamis oder Die ernsten Griechen. Mit farbigen Fotografien. Großdruck.
it 2401. 80 Seiten

Hubert Ortkemper. Medea in Athen. Die Uraufführung und ihre Zuschauer. Mit einer Neuübersetzung der Medea des Euripides. it 2755. 80 Seiten

Alberto Savinio. Kindheit des Nivasio Dolcemare. Übersetzt von Sigrid Vagt. Mit einem Nachwort von Martina Kempter. BS 1168. 152 Seiten

Gustav Schwab. Sagen des klassischen Altertums. Mit sechsundneunzig Zeichnungen von John Flaxman und einem Nachwort von Manfred Lemmer.
1024 Seiten. Gebunden und it 92. 1020 Seiten

NF 61/2/10.06